教職員が知っておきたい！

スクールロイヤーが今よく受ける

相談事例107

法的リスクを最小限にする判断のポイント

著

有年麻美

弁護士

第一法規

はじめに

1 学校で起こる様々な問題

　学校にかかわる「人」に着目すると、学校教育には、児童生徒、教職員、保護者、行政職員、学校関係者および地域住民など、多種多様な人がかかわっています。

　本書は、主に公立の初等中等教育段階の学校に関する法的な問題について、「人」に着目し、児童生徒との関係、学校教育を支える保護者等関係者との関係、そして教職員および学校運営に関する問題とに分け、それぞれの場面で起こりうる様々な問題を取り上げ、法的な観点から解説を加えたものです。

⑴　児童生徒との関係における問題（CASE 1 〜 6 ）

　基本的に、児童生徒に対する指導に関しては、教員に広い裁量が認められていますが、いじめ防止対策推進法や障害を理由とする差別の解消の推進に関する法律（以下、障害者差別解消法）など、教育現場において守るべきルールについて、法的な知識が必要とされています。生徒指導、いじめ対応、配慮を必要とする児童生徒、非行・少年事件、学校事故、部活動などの各場面において、法的に気をつけるべきポイントを解説します。

⑵　保護者等学校関係者との関係における問題（CASE 7 〜10）

　学校は、児童生徒を核として、保護者や近隣住民、学校教育の支援者、行政機関、民間業者など、様々な人々や機関・団体と関わりがあります。それら関係者との関係においてまず押さえておかなければならないのが、児童生徒の個人情報の適切な取扱いです。本人の個人情報を目的外利用したり、第三者に提供したりする場合の法令上のルールは、他機関と連携するうえでの基本的な知識です。

　また、学校で組織的に用いられた文書については、原則として情報公開・個人情報開示の対象となることから、そのことを踏まえた適切な文書作成や保存を行う必要があります。

　保護者や近隣住民から寄せられる要望や苦情への対応はケースバイケース

で、統一的な正解はありませんが、法的リスクをいかに減らすかという観点から、気をつけるべきポイントがあります。

(3) 教職員および学校運営に関する問題（CASE11〜16）

　公立学校の教職員が順守すべき地方公務員法上の服務規律や、管理職が人事・労務管理をするうえでのポイントを解説します。その他、教育活動を行ううえで欠かすことのできない著作権、敷地や備品の管理の問題、学校徴収金の問題を考えます。最後に、法的トラブルを未然に防ぐためのスクールロイヤーの活用について取り上げます。

2　学校トラブルに対する基本的な姿勢

(1)　初動が大切

　解決困難なほどこじれてしまった事案の中には、トラブルの初期段階に丁寧に対応していれば防げたのではないかと思われるものが多々あります。トラブルが発生した直後または発生しそうな早い段階において、適切な対応をとることが問題の深刻化を防ぐことにつながります。

　たとえば、トラブルが起きた場合は、早めに教員個人の対応から組織での対応に移行することが肝心です。教員だけでの対応が難しい場合には、必要に応じてスクールソーシャルワーカー（SSW）、スクールカウンセラー（SC）、スクールロイヤーなど外部の専門家が加わることも考えられます。問題解決のために様々な立場の者がかかわることで、よりきめ細やかな対応が可能となり、個々の教職員の負担軽減にもなります。

(2)　法的リスクを踏まえて対応する

　学校現場では、教育的観点から日々対応が行われています。

　その中で生じる問題の解決のためには、法律では割り切れない人情の部分や信頼関係が重要であることは言うまでもありません。もっとも、法令や法的リスクに関する知識を持っておくことは、適切な対応をするうえで必要不可欠です。

　学校に関わる様々な問題に対する対応は、法的リスクの観点からみれば、大きく分けて、学校が

　①法的にしなければならないこと

②法的にすべきとまではいえないが、したほうがよいこと

③法的にはしてもしなくてもどちらでもよいこと

④法的にしてはいけないとまではいえないが、しないほうがいいこと

⑤法的にしてはいけないこと

に分けることができます。たとえば、児童生徒からいじめの相談があった場合は、いじめ防止対策推進法に基づく対応をしなければなりません。この場合は、上記では①に当たります。対応しないという選択肢はありません。他方、保護者から、学校対応に関して文書での回答を求められている場合、学校が文書で回答すべきという法律はないため、少なくとも①には当たりません。このように、その要求に応じる法的義務はないと知っていれば、取りうる選択肢が広がり、自信を持って対応することができます（もちろん、要望を断るにしても丁寧な説明や相手の心情に配慮した対応が必要なことは言うまでもありません）。

(3) 記録を作成し、適切に保管する

トラブルが発生したとき、従前の対応が適切であったかを検証したり、その後の対応を検討するうえで重要な手掛かりとなるのが記録です。トラブルになりそうな事案については、早い段階からこまめに記録しておくことが重要です。そして、個々の教職員が作成した記録については、散逸しないよう保管のルールを定め、適切に保管しておくことが必要です。

3　本書のねらい

本書は、著者がスクールロイヤーとして活動する中で、現場の教職員の先生方の「法的にしてはいけないことを知りたい」という声に着想を得て、執筆しました。「してはいけないこと」と一口で言っても、上記 **2** (2)で述べたように「法的に違法となる行為」から、「裁量の範囲内ではあるが、法的なリスクがあり望ましくない行為」まで、NG の程度には幅があります。本書は、教職員の裁量を尊重しつつ、特に知っておくべき法的知識や、気をつけるべき法的リスクのある行為を取り上げ、主に公立小・中・高校の管理職や教職員が困ったときにすぐに参照できる実践的な書籍を目指しました。

そうした観点から、難しい解説は必要最小限にとどめ、現場で起こりうる

エピソードを題材に、なるべく簡潔に、そして分かりやすく解説することを心がけました。本書が、学校現場の教職員や、それを支える教育委員会の指導主事など、広く学校教育にかかわる方々にとって、対応に迷ったときの判断材料として、日々の対応の後押しになればと願っています。

令和 6 年11月吉日

弁護士　有年　麻美

目次

教職員が知っておきたい！

スクールロイヤーが今よく受ける
相談事例107 法的リスクを最小限にする判断のポイント

第3部　教職員および学校運営に関する問題

第1部

児童生徒との関係

CASE 1

校則に違反して髪の毛を染めて登校してきた生徒を追い返した

事例 中学1年の生徒Aが、校則に違反して髪の毛を茶色く染めて登校してきました。生徒指導担当の教員Tは、朝の登校指導時に校門でAを発見し、髪の毛を黒く直すまでは校内に入れることはできないと言って押し問答の末、自宅に追い返しました。翌日、Aは茶髪のまま登校してきました。教員Tは、校門に入ろうとしたAを叱責して無理やり腕を引っ張り、校門の外に追い出しました。

初期対応のポイント 校則に基づく指導は強制できない。腕を引っ張り校門の外に追い出す行為は体罰に当たるため NG。説得に努め、別室指導などを検討する。

　教員Tは、ルールを守ろうとしない生徒Aへの指導に苦慮しているようです。児童生徒に対してどのような生徒指導を行うかということは、教員の広範な裁量に委ねられています。とはいえ、指導のためにどのような行為でも認められるわけではなく、どこまでの行為が法的に許されるのかという限界が問題になります。本事例では、教員Tが、校則に反する格好で登校してきたAをその意に反して追い返しています。しかし、校則は、強制力のないルールですから、校則を守ることを強制するような内容・態様の指導はできません。したがって、Aが授業を受けることを希望しているにもかかわらず、校内に入れさせないのは不適切であり、別室指導などAに学習の機会を与える措置を検討すべきといえます。また、教員Tは、Aの腕を引っ張り、校門の外に追い出していますが、肉体的苦痛を与える行為は、体罰に当たり許されません。

校則指導の限界

校則で服装や髪形に関するルールを設けているが、「これを守って何の意味があるのか」と反発する生徒がいる。何度指導しても校則を守らない生徒に対してどのような指導ができる？

強制的な指導はできない。校則の意味や目的を説明し、理解を求めることになる。

1　校則の法的性質

　校則に関する裁判例によれば、校則はあくまで教育の努力目標であり、法的拘束力はないとされています[※1]。つまり、嫌がる生徒に対して無理やり強制的に校則を守らせることはできないし、校則に違反したからといって、刑罰を課すことはできません。

　そもそも、私たち一人ひとりは、誰もが生まれながらにして幸福を追求する権利を持っており、その中には、自分に関することを自分で自由に決めることができる権利が含まれています[※2]。身だしなみに関する校則は、こうした児童生徒が本来生まれながらに持っている権利や自由を制限する例外的な決まりごとです。

　生徒に対しては、粘り強く校則の意味や目的を説明し、理解を求めていくしかありません。そのためには、教員自身が、校則の持つ意味や目的について納得し、生徒や保護者に説明できることが必要です。教員自身が校則の意味や目的を説明できず、守らせること自体が指導の目的になってしまっている場合は、ルールそのものを見直すべきです。

2　高等学校と中学校の違い

　高等学校は、義務教育段階にある中学校とは異な

[※1]
最高裁平成 8 年 2 月22 日

[※2]
憲法13条

13

り、生徒は事前に校風などを調査したうえで高等学校の定める規律に服することを前提として受験する学校を選択し、入学しています。したがって、中学校に比べれば、校則およびその指導が合理的であると判断されやすいといえます[3]。

※3
大阪地裁令和3年2月16日

Q2 校則の改正

生徒や保護者から、下着や靴下の色に関して校則を改正してほしいという声が上がっている。校則を改正する必要はある？

A 校則が何のためのルールかという目的が不明であったり、その目的を達成するための手段として過剰な制約になっている場合には見直しが必要。

1　なぜ学校は校則を制定できるのか

児童生徒には、憲法において、人格権やプライバシーの権利[1]、表現の自由[2]、教育を受ける権利[3]などの基本的人権が保障されています。

※1
憲法13条
※2
憲法21条
※3
憲法26条

一般的に、校則で決められるルールの内容は、頭髪や服装などの身だしなみに関するもの、学校生活に関するもの、登下校に関するものなど、多岐にわたりますが、こうしたルールは、児童生徒が持つ人権や権利に一定の制約を課すものです。では、なぜ学校は校則を設けることができるのでしょうか。

教育基本法によれば、教育の目的は、「人格の完成を目指し、平和で民主的な国家及び社会の形成者として必要な資質を備えた心身ともに健康な国民の育成」であり、義務教育は、「各個人の有する能力を伸ばしつつ社会において自立的に生きる基礎を培い、また、国家及び社会の形成者として必要とされる基本的な資

質を養うことを目的」としています[4]。学校は、こうした目的を実現するために必要な事項について、一定のルール、すなわち校則を設けることができます[5]。学校が社会人になるために必要な素養を身に付けるべき場であること、学校が集団生活を通じて学ぶ場であること、児童生徒が発達途上にあることからすれば、教育目的を実現するための必要最小限のルールは必要であると考えられます。

2　どのような内容の校則を制定することができるのか

　重要なことは、どんな内容でも校則を定めることができるわけではなく、「教育目的を達成するために必要かつ合理的な範囲について」定めることができるということです[6]。つまり、「昔からそうなっているから」「将来社会に出たときのためだから」「学生としてふさわしいから」というあいまいな理由ではなく、一つひとつのルールが、何のためのルールなのかが具体的に説明できることと、不必要に過剰な制約ではないことが必要です。たとえば、学校に危険物を持ち込まないというルールは、児童生徒を危険から守り、安心して学校生活を送るという目的のために必要かつ合理的な制約といえます。他方で、「靴下の色を白に限る」など身だしなみに関する細かな制約はどうでしょうか。何の教育目的を達成するのか、そのための手段として適切かどうか（なぜ白色でなければならないのか）、自信を持って児童生徒や保護者に対して説明できるでしょうか。説明できないのであれば見直しを検討したほうがよいでしょう。

※ 4
教育基本法 1 条、5 条
2 項

※ 5
東京高裁平成 1 年 7 月
19日、東京高裁平成 4
年10月30日

※ 6
文部科学省「校則の見直し等に関する取組事例について」（事務連絡）令和 3 年 6 月 8 日

校則の改定手続

校則を改定するに当たり、生徒から、自分たちも校則の改定に関与したいという声が上がっているが関与させたほうがよい？

すべての生徒が関与できる機会を設けることが望ましい。

　児童生徒には、自分に影響を及ぼすすべての事柄について自由に自己の意見を表明する権利があります[1]。校則は、児童生徒の権利や利益に影響を及ぼす事柄であるため、児童生徒は、校則について、自由に自己の意見を表明する権利があります。したがって、校則の見直しに当たっては、アンケートを実施したり、議論の場を設けるなどの方法により、すべての児童生徒がその意見を表明し、改定の手続きに関与できるような機会を設けることが重要です。

　そして、その機会を十分に保障するためには、あらかじめどのような手続きにより校則が改定できるのかを校則に明記したり、普段から学校ホームページなどで周知しておくことが望ましいといえます。

[1]
子どもの権利条約12条、
こども基本法3条3号

所持品検査

最近校内で私物の紛失が相次いでいる。児童生徒の持ち物に対して、抜き打ちで所持品検査をしてもよい？

基本的には本人の同意なく所持品検査を行うことはできない。私物の紛失が相次いでいるなどの事情がある場合には、必要な範囲で実施できる。

　学校は教育機関であり、警察のような捜査権はない

ため、本人の同意なく抜き打ちでの所持品検査をすることはできません。

　他方で、学校は児童生徒が安心して学校生活を送ることができるよう配慮する義務（安全配慮義務）を負っていることから、校内で私物の紛失が相次いでいるなどの事情がある場合には、安全配慮義務を履行する一環として必要な範囲で検査することができると考えられます[1]。この場合でも、教員に自発的に見せることを拒否する生徒に対して無理やり提示させたり、威圧的な態様で調べることは不適切です。

　なお、児童生徒から没収した不要物については、たとえ不要物であったとしても所有権は児童生徒にあることから、勝手に処分することはできません。下校時に本人に返却することになります。

[1]
神内聡『スクールロイヤー―学校現場の事例で学ぶ教育紛争実務Q&A170―』日本加除出版、p77、平成30年

Q5 体罰と指導の区別
授業中騒ぐのをやめない児童を懲戒のために教室の後ろに立たせることは体罰になる？

A 授業時間を超えて長時間同じ姿勢を保持させるなどして肉体的苦痛を与える場合は体罰になる。

　校長及び教員には、教育上必要があるときに児童生徒に対して懲戒を加えることが認められています。しかし、いかなる場合であっても体罰は禁止されます[1]。殴る、蹴るなど身体に対する侵害行為が体罰になることに異論はないでしょう。問題は、正座、起立、直立など、直接有形力を行使してはいないけれども児童生徒が苦痛を感じうる懲戒行為です。文部科学省の通知によれば、直接有形力を行使しなくても児童

[1]
学校教育法11条

生徒に肉体的苦痛を与えるようなもの（正座・直立など特定の姿勢を長時間にわたって保持させるなど）も、体罰に当たるとされています[2]。教員としては教育上必要な懲戒のつもりだったのに体罰と評価されたということにならないために、どのようなことに気をつけたらよいのでしょうか。

前記文部科学省の通知によれば、当該児童生徒の年齢、健康、心身の発達状況、当該行為が行われた場所的および時間的環境、懲戒の態様などから判断して、懲戒内容が身体に対する侵害や肉体的苦痛を与えるものである場合は、体罰になります[1]。

たとえば、本事例のように、授業中教室内に起立させる行為については、長時間になるほど、そして年齢が低いほど、感じる肉体的苦痛は大きくなります。このように、児童生徒に対して身体的な影響を伴う懲戒を行う場合には、児童生徒の年齢や発達度合い、懲戒の場所、時間的環境、態様に配慮し、肉体的苦痛を与えるものにならないよう十分な注意が必要です。また、肉体的苦痛を与えない場合でも、児童の尊厳を損なうような態様での指導は、不適切とされる場合があるため、注意が必要です（Q7参照）。

※2
文部科学省「体罰の禁止及び児童生徒理解に基づく指導の徹底について」（通知）平成25年3月13日24文科初1269号

Q6　有形力を行使しても体罰にならない場合

担任がクラスメイトに物をぶつけようとしていた児童の手をつかんで制止したところ、当該児童の保護者から体罰だと指摘された。

 ほかの児童生徒に被害を及ぼすような暴力行為を制止するための行為は、体罰には該当しない。

体罰かどうかは、教員や児童生徒およびその保護者

の主観のみにより判断するのではなく、Q5の事例で述べた諸条件から客観的に判断されます。

　そのため、保護者が教員の行為を体罰であると訴えたからといって、直ちに体罰になるわけではありません。

　また、児童生徒に対して、押す、引っ張る、などの物理的な力を加えたとしても、以下の行為は体罰に該当しません[1]。

①児童生徒から教員などへの暴力行為に対して、教員などが防衛のためにやむを得ずした有形力の行使

②ほかの児童生徒に被害を及ぼすような暴力行為に対して、これを制止したり、目前の危険を回避するためにやむを得ずにした行為

　したがって、本事例のように、担任が、児童がほかの児童に対して物をぶつけようとしているところを制止するために手をつかんだ行為は、体罰には当たりません。

※1
学校教育法11条

体罰以外の不適切な指導

Q6の事例で、児童の手をつかんで制止した後、皆の前できつく叱責したことを、当該児童の保護者から不適切な指導だと指摘された。

ほかの児童の面前で叱責することが直ちに不適切とはいえないが、本人の尊厳やプライバシーを損なうような内容や態様の指導は不適切とされる可能性がある。

　不適切な指導かどうかについては、法律に明確な基準はなくケースバイケースで判断されます。文部科学

省の生徒指導提要によれば、以下のような行為が不適切な指導の例として挙げられています[1]。

- 大声で怒鳴る、ものを叩く・投げるなどの威圧的、感情的な言動で指導する
- 児童生徒の言い分を聞かず、事実確認が不十分なまま思い込みで指導する
- 組織的な対応をまったく考慮せず、独断で指導する
- ことさらに児童生徒の面前で叱責するなど、児童生徒の尊厳やプライバシーを損なうような指導を行う
- 児童生徒が著しく不安感や圧迫感を感じる場所で指導する
- ほかの児童生徒に連帯責任を負わせることで、本人に必要以上の負担感や罪悪感を与える指導を行う
- 指導後に教室に1人にする、1人で帰らせる、保護者に連絡しないなど、適切なフォローを行わない

　このほかにも、以下のような指導は不適切と考えられます。

- 児童生徒やその家族の人格を否定するような発言、容姿や体型をからかうような発言、障害など特別な支援を要する児童生徒に対して、馬鹿にしたり揶揄するような発言をすること
- 内申書に不利なことを記載することを示唆して指導を行うこと
　いわゆる内申書は、入学選抜の資料として進学先に伝えることを目的として作成される資料であり[2]、これを生徒指導の手段とすることは本来の目的を逸脱した利用となるため不適切な指導に当たります。
　本事例では、危険な行為をした児童生徒をいさめる

※1
文部科学省『生徒指導提要』p104、令和4年12月

※2
学校教育法施行規則78条

ためにその場で直ちに指導することが教育上必要であるとしても、教育上必要な範囲を超えて、たとえば、大声で長時間にわたり叱責したり、特に児童生徒の尊厳やプライバシーを損なうような内容の発言をしたなどの場合は、不適切といえます。

児童生徒との身体接触

Q8 教員に対して積極的にスキンシップをとりたがる児童がいる。特に異性の児童との距離感が難しいと感じるが、児童と接するうえで気をつけるべきことは？

A 安易に2人きりにならない、私的なSNSのやりとりをしない、指導目的であっても身体への接触は慎重に行うなどの対応が考えられる。

　教職員が児童生徒に対するわいせつ行為をした場合、原則として懲戒免職となります[1]。懲戒免職により教員免許は失効し、再交付しない権限が都道府県教育委員会に付与されています。このように、教職員がわいせつ行為を行った場合、厳しく対処されます。

　わいせつ行為とまではいえなくても、児童生徒との距離感には気をつける必要があります。たとえば教員が親しみをこめたスキンシップのつもりで児童生徒の身体の一部をポンポンと叩くような行為についても、相手が不快または不安だと感じれば、不適切な指導とされる可能性があります。教員と児童生徒は、大人と子ども、指導する側と指導される側、評価する側と評価される側というように、力関係には差があります。児童生徒側が教員の行為を嫌だと思っても、嫌だと言いにくい関係にあることを、教員の側が意識して気を

※1
教職員等による児童生徒性暴力等の防止に関する法律4条4項、各都道府県・指定都市教育委員会の懲戒処分基準を参照

つけなければなりません。また、トラブルに発展しやすい環境を避けるよう注意する必要があります。

> **◆トラブルを避けるための具体的な例**
> - 部活動の指導で異性の児童生徒に触れるときは、事前に相手の承諾を得る
> - 密室で異性の児童生徒と2人きりにならないようにする。指導するときはほかの教職員の目があるところで行う
> - 児童生徒と個人的にSNSでのやりとりをしない
> ※職務とプライベートの境界があいまいになり、児童生徒との距離感を誤りかねません。児童生徒と個人的にSNSでやりとりすることについては懲戒処分の対象となることを明記している教育委員会もあります。

教職員が持ち味を生かした指導が
できるよう環境を整える

　学校現場では、教職員が、その個性や持ち味を発揮しながら、それぞれのやり方で指導しています。ただ、指導の適・不適の判断基準は時代とともに変化しており、昔なら問題にならなかった指導でも、現在では不適切とされることもあります。教職員が委縮せず、適切な指導ができるよう、研修などを通じて、どのような行為が体罰や不適切な指導に当たるのかという判断のポイントについて理解を深める機会を作ることが重要です。

　また、不適切な指導が表面化したケースでは、それまでにも児童生徒や保護者から不安の声が上がっていたり、実はほかの教職員も普段その教員の指導の仕方が気になっていたということがあります。そうした兆候を見過ごさず、教職員との丁寧なコミュニケーションにより早めに対応することが、事態の深刻化を防ぐことにつながります。不適切な指導に至る背景には、児童生徒の特性などの理由で指導が入りにくかったり、教職員に余裕がないなどの可能性もあります。教職員が指導に悩んだ際、管理職や周囲の教職員に相談しやすい環境を整えたり、困難な事案には組織ぐるみで対応を検討し、教職員一人で抱え込ませないようにしましょう。

　一方、不適切とはいえない指導でも、児童生徒や保護者から苦情を受けるケースもあります。指導や懲戒は、児童生徒の権利や利益を制約しうる行為であることから、公平であることと丁寧な説明が求められます。教職員によって対応が違ったり、指導された理由が分からなければ、児童生徒や保護者も納得できません。そこで、あらかじめ生徒指導上の指導の基準を作成し、入学時や各年度の開始時などの機会に「こういう場面では、こういう指導が行われる」ということを児童生徒や保護者に周知しておくことも考えられます。

CASE 2

加害児童がいじめを認め謝罪したにもかかわらず、事態が解決しない

事例 　生徒Aは、担任Tに対して、仲良しグループの生徒Bから無視されていると訴えました。担任TがすぐにBに対して事実を確認したところ、Aを無視したことを認めたため、担任はその日のうちにBを指導し、謝罪の場を設けました。しかし、BがAを無視するようになったのは、先にAから悪口を言われたことがきっかけでした。Bは一方的に謝罪をさせられたと受け止め、不満を募らせています。他方、AもBからの真摯な反省の態度が見られないと感じ、学校を休むようになってしまいました。

初期対応のポイント 　いじめに関する相談を受けたときは、速やかに「いじめの防止等の対策のための組織」に情報共有し、組織的に対応する。安易な謝罪の場の設定はかえって事態を深刻化させかねない。

　本事例では、担任Tが、生徒Bがいじめをするに至った背景事情や当事者の思いを十分に聞き取らず、Bが心から謝罪する気持ちを持てないまま拙速に謝罪の場を設けたことにより、当事者双方に不満が残り、かえって事態が悪化しました。十分な事実確認と準備を経ないまま安易に謝罪の場を設けることは、いじめ問題を複雑化・深刻化させることになりかねません。いじめの初期においては、速やかに組織で情報を共有し、調査方針や調査結果をふまえた対応をする必要があります（いじめ防止対策推進法23条、いじめの防止等のための基本的な方針）。時間と手間がかかっても初動段階での丁寧な対応が、結局は事態の長期化を防ぎ、教員の負担を減らすことにつながります（次頁図参照）。

いじめ対応の流れ

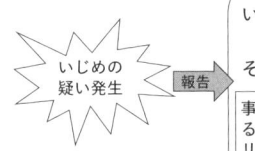

いじめ防止等の対策のための組織（いじめ防止対策推進法22条）
　複数の教職員、心理、福祉等に関する専門的な知識を有する者
その他の関係者により構成

| 事実を確認するためのヒアリング、資料検討 | → | 収集した証拠から事実を認定 | → | いじめに該当するかどうかを評価 | → | 被害者支援・加害者指導 |

被害者の安全確保・保護者との情報共有

（筆者作成）

Q1　**聞き取りのやり方**

いじめの疑いがあるため、当事者と関係する児童らに対して聞き取りを行うことになった。どう進めたらよい？

A　事前に準備をして少ない回数で聞き取る。配慮が必要な児童生徒については、SC など専門家の協力を仰ぐ。

1　十分に準備を行い、なるべく1回で聞き取る

　児童生徒は、発達の途上にあり周囲の意見に影響されやすいため、何回も聞き取りを行うと、話す内容があいまいになったり変わったりする可能性があります。したがって、なるべく1回で聞き取りたいところです。一度のヒアリングで必要なことを過不足なく聞き取るためには、あらかじめ、「いじめ防止等の対策のための組織」を中心にヒアリングの目的と聞き取る事項について協議し、十分な準備をすることが大切です。

2　ヒアリングの流れ

　まずは「いつどこで誰から何をされたのかというこ

と」を確認するために、被害者に聞き取りを行います。被害者に対しては、事実関係を聞き取るほか、今後、調査をどの範囲に対してどこまで行うのかということや、加害者や学校に対して何を求めるかについて意向を確認します。

その次に、被害者が述べた事実関係に沿って加害行為をしたとされる児童生徒に聞き取りを行い、必要があれば、事情を知っていると思われる周囲の児童生徒から聞き取りを行います。

ヒアリングは、ほかの児童生徒や教職員がいない場所で、ほかの児童生徒に知られにくい時間帯に行います。冒頭で、対象者には、ここで話をした内容は調査のための資料として使うことになるため、正確に思い出して話してほしいことを伝えます。

より正確に記録するため、聞き取りは複数人で行うことが望ましいですが、あまり大人数で行うと、児童生徒が威圧感を感じて自由に話しにくくなるので、２人程度が適切です。１人が主体となって聞き取りを行い、もう１人が補充の質問と記録係をするとよいでしょう。

児童生徒の特性や事案の内容によっては、被害者と信頼関係のある教職員や、同性の教職員、SC などの心理の専門家に同席してもらうなどの配慮も検討します。

また、保護者の同席については、保護者がその場にいることにより、児童生徒本人が自分の気持ちや当時の状況について正直に話しにくくなったり、保護者が発言することにより保護者と本人の供述がごちゃ混ぜになってしまう可能性があるため、基本的には保護者がいないところで本人のみから聞き取りを行うことが望ましいです。しかし、本人が心理的な不安から保護

者の同席を望む場合は柔軟に対応しましょう。保護者
の同席を認める場合には、本人が言ったことと保護者
が言ったことを分けて記録するようにします。

Q2　**聞き取り内容**
ヒアリングでは具体的に何を聞き取ったらよい？

A　５Ｗ１Ｈを押さえる。いじめ防止対策推進法のいじめの要件を意
識しながら聞き取る。

1　いじめ防止対策推進法の要件を意識して聞き取る
　学校は、いじめ防止対策推進法上のいじめに該当す
る場合、同法に定められた適切な措置を講じなければ
なりません[1]。

　いじめに該当するためには、同法２条１項のいじめ
の要件に該当する事実があることが必要となりま
す[2]。同法によれば、いじめの定義は、

①当該児童等と一定の人的関係にある他の児童等が行
　う

②心理的又は物理的な影響を与える行為（インター
　ネットを通じて行われるものを含む）であって

③当該行為の対象となった児童等が心身の苦痛を感じ
　ているもの

です。

　そこで、聞き取りにおいては、上記のいじめの要件
に該当する事実があるかどうかを意識しながら聞き
取っていきます。

　事実関係を正確に把握するために、事実を聞き取る
際は、いつ（When）、どこで（Where）、誰が（Who）、

※1
いじめ防止対策推進法
23条

※2
いじめ防止対策推進法
２条１項

27

何を（What）、なぜ（Why）、どうしたのか（How）、を一つひとつ押さえます。

あらかじめヒアリング事項の案を作成しておき、それに沿って聞き取ることで、聞き漏れを防ぐことができます。

◆**聞き取りたいポイント**

□　加害（被害）とされる児童生徒との人間関係、背景事情（前記①の要件に関する事実）

□　いつ、どこで、誰が、何を、どのような理由により、どうしたのか（前記②の要件に関する事実）

□　そのことを裏付ける写真、動画、メールなどの資料はあるか

□　そのとき児童生徒の気持ちはどのようなものだったか（前記③の要件に関する事実）

□　今後、相手との関係をどうしたいか、学校に求めることはあるか

2　なるべく自由に話してもらう

聞き取りの際は、多少質問の趣旨と異なっても遮らず、なるべく自分の言葉で自由に話をしてもらうようにします。低学年の児童やうまく言葉にして表現することが難しい児童生徒の場合は、教職員が絵や図を用いて質問したり、児童生徒に絵や図を描いて説明してもらうなどの工夫が考えられます。教職員による誘導を避けるため、手元に証拠がある場合でも、ひとまずそのことは伝えず、まずは本人が記憶している内容を話してもらいます。

また、加害行為をしたとされる児童生徒に対する聞き取りは、事実を聞き取る場であり、指導の場ではあ

りません。はじめからいじめがあったものと決めつけるような質問や詰問するような聞き方をすると、後で本人の意に反して大人に言わされた、となりかねません。「いつ、どこで、何があったのか」「どうしてそのような行為をしたのか」「そのときどういう気持ちだったのか」というように、なるべく自分の言葉で、自由に説明してもらうようにしましょう。

3　ヒアリングのメモは組織的に保管する

　ヒアリングした内容を書き留めた記録は重要な資料です。個々の教職員の管理に任せず、組織的に管理し、保存するようにします。

聞き取りへの協力拒否
加害者の保護者が、聞き取りに応じてくれない場合は？

調査に応じることを強制できない。粘り強く協力の要請をしていく。

　学校が実施するいじめ調査には、強制力はありません。もっとも、保護者には、学校が講じるいじめの防止等のための措置に協力する努力義務があります※1。そこで、協力を拒否する保護者に対しては、同法の目的や趣旨を説明し、学校の調査に協力するよう促します。どうしても保護者からの協力が得られない場合は、被害者が話した内容やほかの目撃者などの証言だけで事実認定できるかどうかを検討せざるを得ません。

※1
いじめ防止対策推進法
9条3項

いじめの認定

被害者と加害者の言い分が異なっている場合は、どのように事実認定すべき？

客観的な証拠から認定できる事実を軸に、ほかの証拠との整合性を加味して判断する。

　人間は、誰しも自分の身を守るために自分に都合のよいように証言したりするものです。記憶違いということもあります。聞き取りはしたものの、当事者の言い分が真っ向から食い違っていて、いったい何が事実か分からないということもあるでしょう。しかし、学校はいじめに該当する場合には適切な措置を講じる義務があるため、調査の結果を踏まえて、いじめに該当するような事実が認定できるかどうかを判断しなければなりません。その判断は、学校に設けられている「いじめの防止等の対策のための組織」が中心となって行います。

　被害者と加害者の言い分が重要な部分において異なる場合は、メールや写真など客観的な証拠から認定できる事実や、当事者間で争いのない事実を軸に、ほかの児童生徒の証言やほかの証拠などとの整合性を加味して、どのような事実があったのかを認定します。

　たとえば、被害者は加害者から無視されたと主張しており、他方、加害者はそのような事実を否定しているとします。この場合、ほかにも被害者が加害者から無視されているところを直接目撃したという複数の者の証言があれば、被害者が加害者から無視されたという事実を認定しやすくなります。他方で、密室での出来事で、ほかに目撃者や有力な証拠がない場合には、被害者が主張する事実があったのかどうかが判然とせ

ず、事実としては認めづらいです。この場合は「そのような事実がなかった」ということではなく、「実際にはそのような事実があったのかもしれないが、調査の結果、そのような事実があったとまでは認められない」ということになります。

いじめの認定

加害者が悪気なく行った行為により、被害者が精神的苦痛を感じている。この場合でもいじめと認定できる？

いじめに該当するかどうかはいじめ防止対策推進法の定義に照らして判断する。

　学校は、いじめがあったことが確認された場合、いじめ防止対策推進法上の措置を講じる義務があります。ここでいう「いじめがあったこと」というのは、「認定した事実がいじめ防止対策推進法上のいじめに該当すること」を指します。したがって、学校は、調査の結果認定した事実がいじめ防止対策推進法のいじめの定義[1]に照らし、いじめに該当するのかどうかを判断しなければなりません。学校自身がいじめに該当するのか判断できないまま対応を進めると、対応が場当たり的になり、被害側・加害側双方の児童生徒や保護者との間の信頼関係を失いかねません。

※1
いじめ防止対策推進法
2条1項

　かつては、いじめの定義は、弱いものに対して継続的に攻撃を加え、相手が深刻な苦痛を感じているなどの深刻な場合とされていましたが、時代とともに、より幅広い行為がいじめとして捉えられるようになっていることに留意する必要があります。

　いじめ防止対策推進法のいじめに該当するかどうか

判断するうえでは、加害者の認識は問われないため、加害者に相手を害する意図がなかったとしても、相手の受け取り方によっては、いじめと認定される場合があります。したがって、加害者側に、相手をいじめる気持ちがなく行った行為であったとしても、被害者がそれによって嫌な思いをした場合にはいじめに該当します[1]。

このような場合、状況に応じて厳しい指導まではしないということもあります[2]。

※2
いじめの防止等のための基本的な方針
第1の5

Q6 保護者が調査結果に納得しない

調査の結果、いじめがあったとは認定できなかったが、被害者の保護者が学校の調査結果に納得せず何度も調査のやり直しを求めている。しかし学校としては調査を尽くしたと考えている。

A

調査を尽くしたと考える理由を説明し、学校の方針に理解を得られるよう努める。

被害者としては、警察が捜査を行う事案でない限り、通常学校が行う調査のほかに真相を知る手段がないため、学校に対して調査を尽くしてほしいと考えるのは当然のことです。しかし、学校におけるいじめ調査には強制力はなく、調べることのできる範囲には限界があります。また、被害者と加害者の言い分が食い違っていて、ほかに有力な証拠もない場合、いじめの認定が難しいこともあります。被害者が調査結果に納得できず、何度も調査のやり直しを求める場合、学校は保護者の気持ちを受け止めつつ、保護者に対して、いじめ調査の性質と限界を説明し、児童生徒が安心して学校生活を送れるよう今後対応することを丁寧に説

明するしかありません。

　本事例では、学校としてできる限りの調査を尽くしておりこれ以上の調査はできないと考える理由を説明し、保護者の理解が得られるよう努めることになります。

保護者同士の話し合いへの関与

いじめがあったと認定したところ、被害者側の保護者から、加害者側に対して損害賠償請求をしたいので、保護者同士の話し合いの場に学校も同席してほしいと言われた。

学校は、民事上の紛争には関与すべきではない。金銭請求を想定している保護者に対しては、弁護士に相談することを案内する。

　学校は、教育的観点から、児童生徒同士の関係改善や、被害者が安心して学校へ通える環境を整えることを目的として、保護者同士が話し合う場を提供することはあり得ます。

　しかし、話し合いの目的が慰謝料請求といった民事上の紛争を解決するためである場合、学校がこのような話し合いに関与することは、法的紛争に巻き込まれるリスクがあります。保護者同士が話し合う場を設定してほしいと言われた場合は、まずは話し合いの目的を確認したうえで、「示談」「慰謝料請求」「損害賠償請求」など金銭請求の目的が含まれる場合には、法的な専門家である弁護士に相談するよう案内しましょう（弁護士への相談方法については CASE16 を参照）。

　なお、児童生徒がいじめ防止対策推進法上のいじめの定義に当たる行為を行ったとしても、加害児童生徒またはその保護者が、直ちに民事上の損害賠償責任を

負うわけではありません。児童生徒が相手の心情を害するような言動に及ぶことがあったとしても、それがすべて違法になるわけではなく、発達途上にある児童生徒が相手の心情に対する配慮を欠く振る舞いをした場合には、家庭や学校による指導により失敗から学び、経験を積み重ねながら人格形成していくことが期待されているからです。

いじめが法的に違法な行為といえるかどうかは、当該児童生徒の発言や行動の内容の悪質性と頻度、身体の苦痛または財産上の損失を与える行為の有無および内容などの諸点を勘案したうえで、一連の発言や行動を全体的に考慮して判断されます。そして、明らかに相手の児童の心身に苦痛を与える意図と態様をもって行われたものであると認められる場合に、違法となります[1]。

※1
名古屋地裁平成25年1月31日

Q8 重大事態の認定のタイミング

いじめを受けた児童が欠席しているが、欠席日数が30日に達していないため、まだ重大事態ではない？

A 欠席日数30日はあくまで目安であり、児童生徒が一定期間連続して欠席しているような場合には上記目安にとらわれず重大事態と認定する。また、被害者側の児童生徒や保護者から申し立てがあったときにも調査義務が発生する。

いじめ防止対策推進法によれば、いじめの重大事態として、以下の2つの場面が定められています。
①いじめにより当該学校に在籍する児童等の生命、心身または財産に重大な被害が生じた疑いがあると認めるとき[1]

※1
いじめ防止対策推進法28条1項1号

②いじめにより当該学校に在籍する児童等が「相当の
期間」学校を欠席することを余儀なくされている疑
いがあると認めるとき[※2]

「相当の期間」は、年度間に連続または断続して30
日以上欠席した場合が目安とされていますが、児童生
徒が一定期間、連続して欠席しており、その要因とし
ていじめが考えられるような場合は、上記目安にとら
われることなく迅速に重大事態に認定して対応すべき
です[※3、4]。また、欠席している児童生徒が、自殺を
企図する、自傷行為に及ぶ、精神科を受診して診断書
を提出する、などの事情がある場合には、上記①の重
大事態に当たることもあります。

ポイントは、事実関係が明らかになった段階で重大
事態として対応するのではなく、以上のような事由に
該当する「疑い」があるときには、重大事態として対
応しなければならないということです。重大事態は、
学校または学校設置者が「疑い」があると認めること
が調査開始などの要件となっています。速やかな対応
を怠った場合、被害が深刻化する可能性があるため、
学校としては、後記重大事態調査ガイドライン別添資
料1の事例を参考にしながら、重大事態の判断をため
らうことなく行う必要があります。

上記以外にも、被害者側の児童生徒や保護者から申
し立てがあった場合（人間関係が原因で心身の異常や
変化を訴える申立てなどの「いじめ」という言葉を使
わない場合もここでいう申立てに含まれます。）、その
時点で学校がいじめの結果ではない、あるいは重大事
態とはいえないと考えたとしても、重大事態が発生し
たものとして報告・調査などに当たる必要がありま
す[※3、4]。児童生徒または保護者からの申立ては、学校
が把握していない極めて重要な情報である可能性があ

※2
いじめ防止対策推進法
28条1項2号

※3
文部科学大臣決定「い
じめの防止のための基
本的な方針」第2の4
⑴ⅰ）平成25年10月11
日
※4
文部科学省「いじめの
重大事態の調査に関す
るガイドライン（改
訂）」令和6年8月

ることから、調査をしないまま、いじめの重大事態で
はないと断言できないことに留意します。

　重大事態が発生した場合の対応については、文部科
学省のチェックリストなどを活用しながらもれなく行
います[5]。

※5
文部科学省「いじめの
重大事態の調査に関す
るガイドラインの改訂
について」（通知）
別添3　チェックリス
ト、令和6年8月30日
6文科初1137号

◆いじめ（いじめの疑いを含む。）により、以下の状態になったとして、これまで各教育委員会等で重大事態と扱った事例

◎下記は例示であり、ここに掲載されていないものやこれらを下回る程度の被害であるもの、診断書や警察への被害届の提出がない場合であっても、総合的に判断し重大事態と捉える場合があることに留意する。

①児童生徒が自殺を企図した場合
　○軽傷で済んだものの、自殺を企図した。

②心身に重大な被害を負った場合
　○リストカットなどの自傷行為を行った。
　○暴行を受け、骨折した。
　○投げ飛ばされ脳震盪となった。
　○殴られて歯が折れた。
　○カッターで刺されそうになったが、咄嗟にバッグを盾にしたため刺されなかった。※
　○心的外傷後ストレス障害と診断された。
　○嘔吐や腹痛などの心因性の身体反応が続く。
　○多くの生徒の前でズボンと下着を脱がされ裸にされた。※
　○わいせつな画像や顔写真を加工した画像をインターネット上で拡散された。※

③金品等に重大な被害を被った場合
　○複数の生徒から金銭を強要され、総額1万円を渡した。
　○スマートフォンを水に浸けられ壊された。

④いじめにより転学等を余儀なくされた場合
　○欠席が続き（重大事態の目安である30日には達していない）当該学校へは復帰ができないと判断し、転学（退学等も含む）した。

※の事例については、通常このようないじめの行為があれば、児童生徒が心身又は財産に重大な被害が生じると考え、いじめの重大事態として捉えた。

（出典：文部科学省「いじめの重大事態の調査に関するガイドライン（改訂）」別添資料1、p48、令和6年8月）

**管理職への
ワンポイントアドバイス**

早い段階から「いじめの防止等の 対策のための組織」を機能させる

　いじめ防止対策推進法は、いじめの調査、事実認定、いじめに該当するかどうかの判断、当事者への支援・指導などの一連の対応について、「いじめの防止等の対策のための組織」が中核となり実行することを想定しています。重大事態になってから組織的対応をするのではなく、重大化を防ぐために、早めに個々の教職員による対応から組織的対応へ移行することが大切です。早期に組織的対応をするためには、教職員が適切なタイミングで管理職などに情報共有することが必要ですが、教職員のいじめ対応の経験や理解度には差があります。対応した教職員によって初動の動きにばらつきが出ないようにするために、たとえば「欠席が〇日以上続いている」「保護者から人間関係のトラブルがあると訴えがあった」「児童生徒が心療内科に通院したとの連絡があった」など、情報共有すべき場合の基準を作ることも有用です。

　また、当該組織が、いじめの各段階における具体的な対応を協議する場として実質的・機動的に機能するために、会議の構成員を当該事案に関わる教職員と外部専門家などのコアメンバーに絞ったり、構成員が集まりやすい時間帯や方法で会議を開催するなどの工夫が考えられます。

　そして、会議の内容については簡単でもいいので必ず議事録を作成しておきます。議事録は、教職員同士の備忘や正確な情報共有のために有用であるだけでなく、後に学校としての対応を検証するために必要な資料です。ほかの聞きとりメモや対応記録などとともに、組織的に管理し、保存するようにします。

CASE 3

特別支援学級に在籍する児童の保護者から の要望を断った

事例 特別支援学級に在籍する児童Aは、大きな音やガヤガヤとした雑音が苦手で、そうした音を聞くとパニックになることがあります。Aの保護者は、学校に対して、Aが辛くなったときに落ち着ける個室を用意してほしいと要望しましたが、学校は「前例がない」という理由で断りました。

初期対応のポイント 合理的配慮は「必要かつ適当な配慮」を「負担が過重でない範囲」で提供するもの。児童生徒本人と保護者との丁寧な対話が必要。

　すべての児童生徒は、障害の有無にかかわらず、教育を受ける権利があります。学校は、障害者差別解消法のもと、「不当な差別的取扱い」の禁止と、障害のある児童生徒に対する「合理的配慮」の提供が義務付けられており、合理的配慮の不提供は、障害を理由とする差別になります。

　合理的配慮とは、障害のある人に対する特別扱いや優遇ではありません。障害のある児童生徒が直面している、制度や慣行などの社会的な「壁」ゆえに、誰もが保障されている教育を受ける権利が保障されない状態を、知恵を出し合って解消しようという考え方です。できないことまで無理してでもやれという内容の義務ではありません。学校としては、児童生徒の障害の内容および程度に応じ、児童生徒と保護者との丁寧な対話を重ねながら、「必要かつ適当な配慮」を「負担が過重でない範囲」において提供することを検討する必要があります。

Q1 保護者の要望に応えることが難しい場合
冒頭のケース事例で、学校に空き教室がなく物理的に個室を設けることが難しい場合、保護者にどう伝える？

 A 「過重な負担」だと判断した場合であっても、対応することができない理由を丁寧に説明し、ほかの手段を提案することができないか検討する。

　障害者から社会的障壁の除去を必要としている旨の意思の表明があったとしても、その実施に伴う負担が過重である場合にまで、要求内容に応じなければならないというわけではありません。

1　過重な負担かどうかはどのように判断するか

　個別の事案ごとに、以下の要素を考慮し、具体的場面や状況に応じて総合的・客観的に判断します[1]。
① 事務・事業への影響の程度（事務・事業の目的・内容・機能を損なうか否か）
② 実現可能性の程度（物理的・技術的制約、人的・体制上の制約）
③ 費用・負担の程度
④ 事務・事業規模
⑤ 財政・財務状況
　具体的な検討を行うことなく、冒頭のケース事例のように、「前例がない」という一般的・抽象的な理由で提供を拒否することは法の趣旨を損なうため、適当ではありません。

2　どのように保護者や児童生徒に説明するか

　合理的配慮の提供の考え方は、学校が、配慮を必要とする児童生徒や保護者から、どのようなことに困っ

※1
文部科学省「文部科学省所管事業分野における障害を理由とする差別の解消の推進に関する対応指針について」（通知）令和 6 年 1 月 17日 5 文科初1788号

ていて、どのような配慮を求めているのかを聞き取り、児童生徒や保護者と丁寧に対話を重ねることによって、具体的な解決策を見いだしていくことを目指しています。したがって、要望どおりの対応が難しいと判断した場合でも、その理由を丁寧に説明し、児童生徒のニーズに合うほかの手段を提案することができないか検討します。たとえば冒頭のケース事例では、個室は無理でもほかの用途に使用している部屋の一角に落ち着けるような個別スペースを設けるなど、代替手段を検討することが考えられます。

Q2 障害のある児童生徒の受け入れ

障害のある生徒が中学校に入学してくることになった。学校として何をどこまですべき？

A 積極的に医師などから健康に関する情報を収集することや、収集した情報をもとに関係する教職員同士が十分な連携がとれる体制が求められる。

1 医療機関との連携

裁判例では、中学校の校長は、障害を持った生徒を受け入れる場合、その病状などについて小学校や両親、本人から事情を聴取するのみでなく必要に応じて医師の診断書あるいは医師からの事情聴取をするべきであったとし、これを怠ったとして損害賠償責任を認めた事例があります[1]。また、特に重度の障害児に動作訓練を施すに当たり、医師などと協議するなどして、健康状態について正確に把握したうえで、障害児の状態を注視しつつ慎重に指導を行う必要があったとする事例もあります[2]。

[1]
大阪地裁平成元年7月27日

[2]
大分地裁平成16年7月29日

　これらの裁判例の考え方を踏まえると、学校は、障害のある児童生徒を受け入れるに当たり、小学校や保護者、本人から聞き取るだけではなく、かかりつけの医師など、児童生徒が安全な学校生活を送るうえで必要と思われる健康情報について、自ら積極的に収集する義務があるといえます。

2　教職員同士が十分な連携がとれる体制

　教職員は、学校における教育活動で生じるおそれのある危険から、児童生徒を保護しなければなりません。なかでも、障害などのある児童生徒については、その内容や程度に応じたより細やかな配慮を必要とします。そのため、学校長は、保護者などから当該児童生徒について配慮すべき事項を積極的に聞き取り、その内容を、当該児童生徒を受け入れる普通学級の担当教員だけでなく、当該児童生徒の指導を補助する特別支援学級の担当教員と情報共有を行い、互いに十分連絡しあえる体制を確立する義務を負うと考えられます。

　裁判例では、自閉的特徴を伴う広汎性発達障害などをもつ当時小学1年の児童が、保育園在籍時より、担当保育士による食事指導が原因となって心的外傷後ストレス障害（PTSD）を発症しており、小学校入学直後の担当教員による給食指導が原因でフラッシュバックを起して不登校に陥った事案において、児童の状態、配慮すべき事項について十分な聞き取りを行い、自閉的特徴とあわせて教員らに周知する体制を整えるべき義務を怠ったとして学校長の過失を認めた事例があります[※3]。

※3
大阪地裁平成17年11月4日

発達に応じた個別の配慮

クラスに特性のある児童がいて何度も問題行動に出るため、ほかの児童の保護者からも苦情が出ている。指導の効果があがらず、担任もつい大声を出してしまう。

 心身の発達に応じた個別の配慮が求められる。対応に苦慮する場合は、専門家と連携をとり、チームで対応する。

　児童生徒に懲戒を加えるに当たっては、心身の発達に応ずるなどの教育上必要な配慮を行う義務があります[1]。また、特別な配慮を要する児童生徒を指導する場合には、それぞれの特性に応じた配慮が必要となり、こうした配慮を欠く指導は不適切な指導と評価されることがあります。各都道府県の公表している懲戒処分基準においては、特別な支援を要する児童生徒に対する不適切な指導は、懲戒処分を加重する事由となっています。

　特別な教育的ニーズのある児童生徒への支援については、特別支援教育コーディネーターを中心に支援体制を組み、組織的に支援することが重要です。また、医療関係者、SC や SSW、行政の福祉関係部署などと連携することで、生活や学習上どこに難しさを持つのかその特性の見方と、それに対する指導や支援の方法に関する助言を得ることも考えられます。何か問題が起きてはじめて専門家に関与してもらっても、保護者や児童生徒との信頼関係を一から築くことが難しいこともあります。問題が起きないうちから関与してもらうことにより、児童生徒・保護者とのコミュニケーションが円滑になり、信頼関係を維持しつつ切れ目のない支援を行うことが期待できます。

※1
学校教育法施行規則26条1項

**管理職への
ワンポイントアドバイス**

児童生徒の教育的ニーズを
くみ取るために

　合理的配慮の提供は、障害者側からの要望があることが支援のスタートになるのが基本ですが、申出がない場合でも合理的配慮を必要としていることが明白である場合には、学校側から提案するなど、自主的な取組に努めることとされています。

　また、保護者の思いが、児童生徒本人の思いや教育的ニーズとは異なる場合もありえます。こども基本法においては、「全てのこどもについて、その年齢及び発達の程度に応じて、自己に直接関係する全ての事項に関して意見を表明する機会が確保されること」とされています（3条3号）。合理的配慮を含む教育的ニーズを把握するためには、保護者からだけではなく、本人の年齢や障害の程度に応じた方法により、本人から思いや意見を汲み取るよう努めることが重要です。

　合理的配慮の内容について、学校、本人、保護者の意見が一致しない場合には、外部の専門家や関係機関の助言などによりその解決を図ることが考えられます（文部科学省「障害のある子供の教育支援の手引～子供たち一人一人の教育的ニーズを踏まえた学びの充実に向けて～」令和3年6月参照）。

CASE 4

少年事件を起こした生徒が学校に復帰することになり、環境調整に苦慮している

事例　中学生の生徒Aが同じ学校に通う生徒Bに対してわいせつ行為を行い、逮捕されました。家庭裁判所での審判の結果、Aは保護観察処分となりました。Bの保護者は、学校に対しAを終日別室で指導し、校内ではBと絶対に顔を合わせないようにしてほしいと強く申し入れました。これに対して、学校は、可能な限りの対策を講じようと試みていますが、対応できる人員が足りず苦慮しています。

初期対応のポイント　被害者に寄り添い、安心して学校生活を送ることができるよう対策を講じる。

　少年事件の加害者と被害者が同じ学校の生徒である場合、学校は、被害者に寄り添うことを基本として両者の教育環境を整えるために関係調整を行う必要があります。

　加害者に対しては、保護者や付添人、家庭裁判所などと連携しながら、指導（必要な場合は懲戒）を行い、身柄拘束された場合には復学に向けた支援を行います。本事例は、いじめ防止対策推進法上のいじめにも該当するものであり、学校は、所轄警察署と連携してこれに対応します（いじめ防止対策推進法23条6項）。

　被害者に対しては、安心して学校へ通える環境を整えるため、被害者本人の意向を尊重しつつ、教職員の人員や物理的環境など学校の実情に応じて、できる範囲での対応をすることとなります。

少年事件の流れ
警察が本校の中学 2 年の生徒に対して事情聴取をしているらしい。今後の手続きは？

生徒が14歳以上か14歳未満かで手続きが異なる。

　児童生徒の犯罪には少年法が適用され、成人の刑事事件とは異なる手続きになります。少年事件においては、児童生徒は性別にかかわらず「少年」と呼称されます[1]。

※1
少年法 2 条 1 項

　少年事件では、生徒が14歳以上の場合と14歳未満の場合とで処遇が異なります。中学 2 年生の中には、14歳の生徒と14歳未満の生徒が混在することになり、それぞれ別の手続きとなります。

1　14歳以上の生徒が犯罪行為を行った場合

　原則として、成人と同様に捜査機関による捜査が行われます。自宅で普通の生活を送りながら捜査機関に呼び出されて取り調べなどの捜査を受ける場合もあれば、逮捕・勾留等により、警察署の留置施設や少年鑑別所に収容されて捜査を受ける場合もあります。施設に収容されている間は学校に登校することはできません。

　捜査が完了すると、手続きは家庭裁判所に移ります。このとき、少年が逮捕・勾留されていると、多くの場合、家庭裁判所の判断により少年鑑別所での収容が決まります（観護措置決定）[2]。少年鑑別所では、少年の処分を適切に決めるための心理検査や面接が実施されます。観護措置の期間は多くの場合 1 ヶ月程度で、この期間中も学校に登校することはできませ

※2
少年法17条 1 項

45

逮捕後の流れ

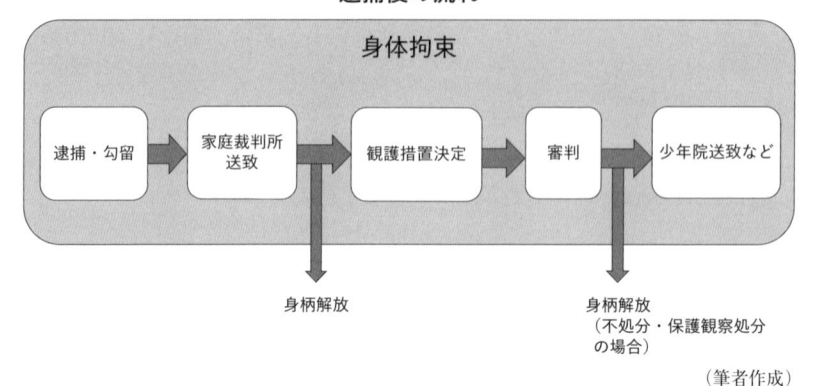

（筆者作成）

ん[3]。

　家庭裁判所では、審判を開始するかどうかが判断され、審判が開始される場合は、不処分、保護観察処分、少年院・児童自立支援施設などの施設送致、試験観察処分のいずれかが選択されます[4]。一定の重大事件で刑事処分を相当とする事件については、検察官に送致され（いわゆる「逆送」）、その場合には、原則として一般の成人の刑事事件における手続きと同様に取り扱われる場合もあります[5]。

2　14歳未満の児童生徒が犯罪行為を行った場合

　14歳未満の者で犯罪行為を行った者は、「触法少年」と呼ばれます。14歳未満の者は、刑事責任能力がないため刑罰を加えられません[6]。触法少年は、14歳未満と幼く、福祉的な対応が必要になることから、まず児童相談所に通告され児童相談所を中心に手続きが進んでいきます[7]。児童相談所所長は、家庭裁判所に送致するか、児童相談所で福祉的な措置をとるかを判断します[8]。家庭裁判所に送致された後の手続きは、14歳以上の犯罪少年と同じです。

[3]
少年法17条3項、4項本文

[4]
少年法24条1項、18条、23条1項、25条

[5]
少年法20条

[6]
少年法3条1項2号、刑法41条

[7]
少年法6条の6第1項1号、児童福祉法25条
[8]
少年法6条の7第1項

身柄拘束された生徒との面会

本校の生徒が逮捕された。本人の様子を知りたいが面会できる？

逮捕直後は弁護士以外の者は面会できないことが多い。面会の可否や条件については収容されている施設に確認する。

　教職員が逮捕された生徒に面会しようとする場合、面会できる時間帯や条件が警察署により異なるため、収容されていると思われる警察署に事前に確認します。もっとも、逮捕後の 3 日間は、集中的に取り調べが行われるなどの事情から、弁護士以外の面会は認められないのが一般的です。

　生徒が少年鑑別所に収容された場合は、少年鑑別所の面会室において、鑑別所職員立ち会いのもとで面会することができます[1]。この場合も、面会できる人数や時間に関するルールが定められているため、事前に施設に確認しておきます。

※ 1
少年鑑別所法80条 1 項 2 号

付添人との関わり方

少年鑑別所に収容されている中学 3 年生の付添人の弁護士から、学校に復帰した後の環境調整に向けて協議したいと申入れがあった。付添人とは？

付添人は、少年の権利利益を守り更生を支援する役割を担う人。

1　付添人とは

　付添人とは、少年にとって最善の処分が受けられるよう、取り調べや審判手続に関して必要な助言を行っ

たり、更生に向けた社会資源の確保、被害者との関係調整などを行う役割を担う人です。付添人は、生徒の利益を守る立場から、学校に対して、復学を見据えた環境調整や懲戒処分などに関する協議の申入れなどを行うことがあります。

将来的に生徒が学校に復帰することが見込まれる場合、学校としては、付添人を通じて生徒の現在の様子や気持ち、身体拘束の見込み期間、処分の見通しなどの情報を得ることができるため、付添人と連携することが望ましいといえます。

他方、高校生の場合で学校が生徒に対して退学などの懲戒処分を予定しているときには、付添人は生徒の権利を守る立場であるため、学校と利益が対立する場合があります。

2 付添人から連絡がきたら

付添人から連絡があった場合、弁護士だからといって無条件に本人の情報を提供してはなりません。本人の情報は、本人の同意なしに第三者に提供してはならないという情報提供のルール[1]にしたがい、生徒や保護者に対して情報提供してもよいか確認する、または付添人に対して生徒や保護者からの委任状や裁判所の選任書の提示を求め、生徒や保護者を代理する権限があるかどうかを確認してから対応するようにしましょう。

※1
個人情報の保護に関する法律（以下、個人情報保護法）27条1項、69条1項、2項

Q4 生徒に対する懲戒処分

傷害事件を起こした高校１年生に対して懲戒処分を考えている。本人は非行事実を否認しているが、被害を受けた生徒の保護者が学校に対して早く懲戒処分するよう求めている。

A 家庭裁判所の判断を待ってから懲戒処分をするべき。

　本人が非行事実を否認しており、家庭裁判所による処分の判断がまだ出ていない段階では、まだ事実関係は確定していません。そのため、ほかの証拠から非行事実が明らかに認められる場合を除き、拙速な判断を避け、家庭裁判所による処分の判断を待ちましょう。

　家庭裁判所の判断で非行事実が認められた場合には、非行行為の態様、悪質さ、被害者の気持ち、本人の反省の程度、同種事案に対する従前の処分事例との均衡、懲戒処分が本人に与える影響などの事情を考慮して、学校長の裁量で懲戒処分の有無およびその内容を決めることになります。

Q5 関係機関への情報の提供

逮捕された生徒に関して、警察や家庭裁判所調査官から、指導要録の提出や学校でのこれまでの様子に関する情報提供を求められている。どのように対応すべき？

A 法令に基づき、情報の提供をすることができる。

1　警察による照会

　警察による捜査関係事項照会は、法令に基づき情報

提供する場合に該当するため、提供することが可能です[1]。口頭で問い合わせを受けた場合は、法令に基づく照会であることを明確にするため、書面での照会を求めることが適切です。

※1
個人情報保護法69条1項、刑事訴訟法197条2項、少年法6条の4第3項

2 家庭裁判所調査官による照会

家庭裁判所調査官による学校照会は、少年が非行に至った動機、原因、生育歴、性格、生活環境などから少年の抱える問題や非行の原因を明らかにするために行う調査方法の1つです。学校は、法令に基づき情報提供ができます[2]。

なお、第三者に対する個人情報の提供のルールについては、CASE 7 を参照してください。

※2
少年法8条2項

Q6 問い合わせへの対応

本校の生徒が警察に逮捕された。教職員は一切情報を漏らさないようにしているが、すでに生徒や保護者の間でうわさが広まり、学校や教職員への問い合わせが相次いでいる。どう対応したらよい？

A 当該生徒の親権者の同意を得たうえで、円滑な学校運営に必要な範囲で情報を開示することが考えられる。

事案によっては、マスコミから学校に対して、取材の申込みや問い合わせがきたり、事件のことを知った生徒や保護者などから問い合わせがある場合もあります。

個人情報保護の観点から、当該生徒の親権者の同意を得ない限り、第三者に対して個人情報を提供すべきではありません[1]。

もっとも、事件に対してほかの生徒や保護者の関心

※1
個人情報保護法27条1項、69条1項、2項

が高く、憶測やうわさが広まり、円滑な学校運営に支障が生じている場合には、正しい情報を提供する必要性を生徒の親権者に説明し、了解を得た範囲でほかの生徒に事情を説明することが考えられます。説明の際には、まだ事実確認中であり、家庭裁判所からの処分が決定されるまで結論は分からないこと、生徒のプライバシー保護のため、不用意に第三者に対して情報を流したり、SNSで拡散しないよう注意喚起します。

管理職への
ワンポイントアドバイス

いざというとき慌てないよう 準備しておく

　在籍する生徒が逮捕されたという連絡は突然やってきます。学校は、短期間の間に、当該生徒、捜査機関、少年鑑別所、家庭裁判所、付添人、保護者や関係者など、様々な人々や機関との間で調整や対応を迫られることになります。管理職としては、あらかじめ生徒が身柄拘束された場合に備え、対応フローなどを決めておくことが有用です。

◆決めておくべきこと
①担当者、役割分担
- 生徒および保護者への対応、各種問い合わせに対する窓口担当、記録担当
②学校に問い合わせや要望があった場合の対応
- 問い合わせが想定される関係者（保護者、捜査機関、少年鑑別所、家庭裁判所、付添人、マスコミ、一般市民）に対して、誰が、何を、どこまで回答するか
③対応記録の作成、共有、保管の方法

CASE 5

サッカーゴールでふざけて遊んでいた児童が けがをした

事例　休み時間中、児童らがふざけてサッカーゴールにぶら下がっ て遊んでいたところ、ゴールごと地面に倒れ、小学4年生の 児童Aが頭を打ちました。近くに居合わせた教員TがAに対してけ がの様子を確認したところ、本人が大丈夫だと言ったので、そのま ま帰宅させました。帰宅後、保護者がAの様子がおかしいことに気 づき、病院に連れていき検査したところ、頭蓋骨骨折をしているこ とが分かりました。

初期対応の ポイント　速やかに応急手当を実施し、保護者へ連絡する。

　学校は、その管理下にある時間帯および場所において児童生徒の 安全確保のために必要な措置を講じる義務があり（安全配慮義務）、 児童生徒の生命と健康を守るために、万全の措置を講じることが求 められます。事故が発生した場合、すぐに児童生徒の症状を確認し 応急手当を行うとともに、管理職に報告して対応について指示を仰 ぎます。また、学校は、保護者に対して学校生活で発生した事故に ついて事実を報告する義務を負うことから、速やかに保護者に対し て事故の発生とけがの程度の情報を報告することが必要です。本事 例では、教員TはAがゴールごと転倒したことを知りながら、管理 職に対する報告や保護者への連絡をしないまま帰宅させています。 Aの年齢からすれば、保護者などに自分で事故の経緯や症状を説明 する能力が十分でないこと、頭部のけがは重大な結果につながりか ねないことから、保護者に対して速やかに連絡すべきでした。

安全配慮義務の内容

事故が発生しないためにどのような対策をとればよい？

体育や理科の実験など危険性が伴う授業や、児童生徒の年齢が低かったり発達が未熟な場合は、事故が発生するリスクが高いため、よりしっかりした準備と指導が求められる。

1　教育活動の性質・危険性に応じた対策

　一言で教育活動といっても、その内容や危険性の程度は様々です。たとえば、座学の授業に比べて、積極的に体を動かす体育の授業や、薬品を扱ったり実験を行う理科の授業では、授業内容自体に危険性が伴い、事故が発生するリスクが高いため、よりいっそう事故を防ぐための適切な準備・計画や対策を講じることが求められます[1~3]。

　たとえば、体育の授業では授業の計画段階から授業内容について、以下の点に気をつける必要があります。

- 指導計画の内容が児童の年齢・能力に見合った適切なものであること
- 授業内容が適切な指導計画に基づくものであること
- 用いる教材は学習指導要領に示されているものであること
- 授業内容が児童生徒の年齢・能力に見合ったもので、不必要に危険でないこと
- 児童生徒の健康状態把握について健康診断などで明らかになっている病状などを事前に把握しておくこと
- 個々の児童生徒の授業中の顔色や様子を常時把握しておくこと
- 児童生徒に対して危険を回避できるように事前に具

[1]
（体育の授業中の事故）
名古屋地裁平成21年12月25日
[2]
（水泳の授業中の事故）
福岡地裁昭和63年12月27日
[3]
（理科の授業中の事故）
静岡地裁沼津支部平成元年12月20日

体的な指示や指導を行うこと

- 児童生徒の習得技術・体力レベルに応じて段階的な
指導を行っていること

　また、修学旅行や校外学習などの特別活動は、日常
から離れた開放感から児童生徒が逸脱的な行動に出や
すいため、事故が発生しないよう適切な計画を立て、
児童生徒に指導することが求められます[4]。

※4
（林間学舎における事故）大阪地裁平成24年11月7日

2　児童生徒の年齢・発達状況に応じた対策

　年齢の高い児童生徒よりも、低年齢の児童生徒のほ
うが、危険かどうかの判断をしたり、自らを律して危
険を回避する能力が未熟なため、事故が発生するリス
クが高くなります。したがって、教員としては、危険
を回避するため、よりいっそうしっかりした事前準備
や年齢や発達の程度に応じた適切な指導を行うことが
求められます[5]。

※5
最高裁昭和58年6月7日

求められる準備や対策の程度

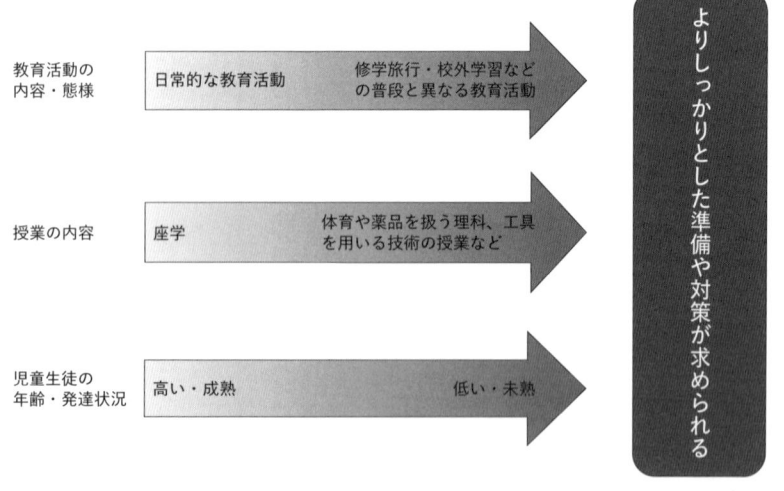

（筆者作成）

教職員がそばにいない時間帯の事故

昼休み中、校庭で一輪車で遊んでいた児童が別の児童とぶつかりけがをした。休み時間中の事故でも学校側が責任を負う？

裁判例では、学校管理下にある時間帯について、教育活動と同様の安全配慮義務を負うとされている。

　たとえば、授業開始前、休み時間、放課後などの時間帯は、教員が常に児童生徒のそばにいて監督しているとは限りません。このような場合にまで、授業中と同じように事故を防ぐために注意すべきというのは酷だとも思うかもしれません。しかし、裁判例では、教育活動の内容にかかわらず、学校管理下にある時間帯について、教育活動と同様の安全配慮義務を負うとされています[1,2]。

　本事例では、一輪車それ自体の危険性や休み時間には異種の遊びをする児童が混在することから、衝突事故が発生することが具体的に予見できるといえるため、学校は、校庭での遊び場所の範囲や遊びのルールを設けたり、児童に対して安全に遊ぶために適切な指導を行うことが求められます。

　なお、放課後や教育活動が終了した後の時間帯は、具体的な事故が発生することを具体的に予見できない限り、教員が最後まで在室して児童を監督すべき義務はないとされています[3]。

[1]
（昼休み中の事故）東京地裁平成17年 9 月28日
[2]
（給食に関する事故）大阪地裁堺支部平成11年 9 月10日

[3]
（放課後の事故）高松高裁昭和49年10月31日

Q3 児童生徒が想定外の方法で使用したことによる事故

冒頭のケース事例では、サッカーゴールは杭で適切に固定していたものの、複数の児童がふざけて同時に飛びついてぶら下がるという想定外の方法で使用したことによって事故が発生した。この場合でも学校側が責任を負う？

A 通常の用法に反した、設置管理者の通常予測できない行動により事故が発生した場合には、原則として学校側は責任を負わない。ただし、事故の発生を予見できる場合は、具体的な対策をとることが求められる。

1 求められるのは通常の用法による使用を前提とする安全性

　児童生徒は、日々の活動の中で、校舎、校庭、遊具、プール、工作用の工具など、様々な施設や設備を利用します。これらの設備などの設置または管理が不十分であるために、設備などが通常有すべき安全性を欠き、これによって児童生徒がけがをするなど損害を被った場合、地方自治体が損害賠償責任を負うことになります[1]。

　そこで、設備が「通常有すべき安全性」を欠いているかどうかがポイントとなります。この通常有すべき安全性とは、通常の使い方がされることを前提として、通常予想される危険に対して安全という意味です。ゴールポストについては、転倒事故が多発していることから、杭や砂袋などで安定させるなど転倒防止対策を講じることが求められます[2]。学校がこうした安全対策を十分にとっていたにもかかわらず、児童生徒がまったくの想定外の方法で遊んだ結果けがをしたとしても、それは設置または管理に問題があったとはいえないため、通常有すべき安全性を欠くとはいえ

[1]
国家賠償法 2 条 1 項

[2]
スポーツ庁「学校における体育活動中の事故防止及び体罰・ハラスメントの根絶について」（事務連絡）令和 6 年 2 月22日、文部科学省 HP 学校安全ポータルサイト「学校における安全点検要領」

ず、原則として学校側に責任はありません。

2　危険を予見できる場合は具体的な対策が必要

一方で、たとえ児童生徒が通常の用法ではない行動に出たとしても、危険な行動が予測できる場合は、結果を回避するための具体的な措置を講じる必要があります。たとえば、普段から危険な遊び方をしていたのを知っていたにもかかわらず具体的な注意や指導を行わなかった結果、事故が発生したような場合は、管理が不十分であったと評価されます[3]。

※3
最高裁平成 5 月 3 月30日

また、学校施設は、児童生徒および教職員が教育活動のために日常的に過ごす場であり、十分な安全性を有することが求められます。校長は、当該学校の施設または設備について、安全点検を実施し児童生徒などの安全の確保に支障がある場合は遅滞なく改善措置を講じる必要があります[4]。

※4
学校保健安全法27条、28条

そして、施設または設備に異変があることを把握した場合は、修繕するまで一時的に使用停止し、立入り禁止にしたり使用禁止のカラーコーンや看板を設置するなどして注意喚起することが必要です[5]。

※5
鹿児島地裁平成15年 3 月11日

Q4　事故調査
学校で発生した事故について調査を行うことになった。何をしたらよい？

A　速やかに関係者への聞き取りを行う。事故現場の写真や動画などの資料を収集し、適切に管理する。

事故の原因を分析し再発を防止するためには、速やかに事実関係の調査を行うことが重要です。まずは、

事故現場に居合わせた児童生徒や教職員に対してヒアリングを行います。また、事故現場の写真は重要な資料となるため、可能な限り事故当時の状況を撮影して記録に残しておきます。

事故現場に居合わせた児童生徒は、精神的に大きなショックを受けていることがあります。したがって、ヒアリングを実施する際は、日時、場所、聞き取り担当者などの希望があるか児童生徒および保護者と事前に打ち合わせるとともに、養護教諭や SC などの支援を受けながら児童生徒のケアに努めます[1]。

※1
文部科学省「学校事故対応に関する指針」令和6年3月

> ◆現場に居合わせた児童生徒にヒアリングで聞き取ることの例
> - 被害を受けた児童生徒の事故数日前からの様子や既往症
> - 事故の当時、自分はどこにいて、何をしていたか
> - 事故について、何を見たか、聞いたか

児童生徒がけがを負った場合、けがの内容や程度によっては治療が長引き、賠償額が確定するまでに長期間かかることがあります。事件に関する記録が散逸しないよう、適切に保管します。

Q5 日本スポーツ振興センターへの給付申請

日本スポーツ振興センターに給付申請する際に注意すべきことは？

申請書は後に開示され、裁判資料として用いられる可能性があることに留意する。

　学校の管理下における児童生徒の災害（負傷、疾病、障害または死亡）については、独立行政法人日本スポーツ振興センターと学校の設置者との契約（災害共済給付契約）により、災害共済給付が行われます。

　この給付制度のポイントは、公的給付としての性質から、学校の管理下において児童生徒に人的損害が発生した場合、「学校に法的責任があるかどうかにかかわらず」給付される点にあります。そして、この学校の管理下という要件は広く認められており、学校内で発生した事故はもちろん、通学途上の事故にも適用されます[※1]。また、学校内で児童生徒がわざと相手にけがをさせた場合のように、法的に学校に管理責任が発生しないような事案であっても給付されます。

※1
独立行政法人日本スポーツ振興センター法施行令5条2項

　事故が発生した場合、学校は、まずこの日本スポーツ振興センターの制度を保護者に案内し、学校長の報告書などを作成するなど給付申請の手続きに協力することになります。この給付は、治療費および障害・死亡の場合の見舞金は対象ですが、その他の損害（慰謝料や物的損害など）は給付の対象外となっています。そのため、給付によって発生した損害を賄いきれないケースで、保護者が学校の対応に納得できない場合は、後から民事上の損害賠償請求を行うこともあり得ます。そのとき、学校が日本スポーツ振興センターに提出した報告書などの資料が情報開示され、後に裁判で証拠として利用される可能性があります。学校に事故発生の責任があるかどうかは事後的に評価されるもので、事故発生当時は判断ができない場合も多いものです。見通しが不透明な状況では、安易に学校の責任を認める記述をすることは控えたほうがよいでしょう。

教職員の責任

公立学校の教職員が職務上の義務を怠って相手方に損害を与えた場合、誰が責任を負う？

損害賠償責任は地方自治体が負う。教職員に故意または重大な過失がある場合は地方自治体から請求されることがある。

　世間では「教師の責任」「学校の責任」という言葉がよく使われますが、教職員の行為により、誰かが損害を被った場合には、学校設置者である地方自治体が法的責任追及の相手方となります[1]。地方自治体が責任を負う場合、教職員などの公務員個人は原則として責任を負いません。

　もっとも、公務員に故意または重大な過失があったときは、地方自治体は、その公務員に対して請求できます（求償）[2]。そのため、教職員が意図的または不注意によって義務違反を行った場合には、被害者に対して賠償した地方自治体から請求される可能性があります。

　そのほか、義務違反の内容によっては、地方公務員法上の懲戒処分の対象となります。また、犯罪行為に該当する場合は、教職員個人が刑事罰を受けることもあります。

[1]
国家賠償法1条1項。なお、市立小中学校の県費教職員については、学校設置者の市町村に加えて、給与を負担する都道府県も被告になりえる（国家賠償法3条1項）。
[2]
国家賠償法1条2項

大きな事故に至る前に、危険の芽を摘む

　学校現場で事故が発生した場合、まったく予期できない不運な事故もありますが、実はその前から事故の兆候があったということもあります。たとえば、休み時間、児童同士がふざけて足のひっかけ合いをしていたところ、転倒して机の角に頭をぶつけてけがをしたという事故が発生したとします。学校は、その児童らが日常的にふざけて足のひっかけ合いをしていたことを把握していました。この場合、危険な遊びで児童がけがをするかもしれないということが具体的に予見できる状況のため、事故を避けるための対応が求められます。具体的には、児童への聞き取りと指導、保護者との連携、再発防止策の検討と実施などを通じて、事故が起こらないよう具体的な対策をとることが必要です。

　事故が発生すると、調査が行われ関係する教職員らに対してもヒアリングが行われます。その際はなるべく自らが見聞きしたことをありのままに証言するよう促すのがよいでしょう。嘘をついてしまい、後々裁判になってから虚偽であったことが判明した場合、被害者側の代理人や裁判所から厳しく追及され、余計に辛い思いをします。裁判が決着するまでに何年もかかることもありますので、対応する教職員の心理的な負担に対するケアも必要です。

　忙しい日常業務の中では、事故に至らない小さな出来事は見過ごされがちです。しかし、いったん事故が発生してしまうと、被害にあった児童生徒や家族はもちろん、学校や教職員にも多大な影響が及びます。事故になりかねない出来事に対して、その都度丁寧に対応することが、大きな事故に発展することを防ぎ、児童生徒の安全を守るとともに、ひいては教職員らの負担を減らすことに繋がります。

部活動

部活動の自主練習中に、生徒が熱中症になった

事例　教員Ｔは、管理職から、運動部の顧問になってほしいと依頼されました。教員Ｔは競技の経験がなかったこと、家庭の事情で休日の試合の引率が難しいことから、いったん断ったものの、管理職から懇願されしぶしぶ引き受けました。ある日、教員Ｔが部長に練習メニューだけ伝えて生徒たちだけで自主的に練習させていたところ、部員の１人が熱中症になり救急搬送されました。

初期対応のポイント　顧問は部活動に常時立ち会う義務はないが、事故の発生を具体的に予見できた場合は事故防止のための措置を講じることが求められる。

　部活動は、学習指導要領において学校教育の一環と位置づけられる一方、教育課程外の活動であり、生徒による自主的、自発的な参加により行われるものとされています。裁判例では、部活動は、学校の教育活動の一環として行われるものである以上、顧問をはじめ、学校側に生徒を指導監督し、事故の発生を未然に防止すべき一般的な注意義務があるとされています。本事例の場合、当時の気温や生徒らの年齢、習熟度、練習環境などから熱中症発生の危険があったことが予見される場合には、こまめな水分補給や休憩など熱中症を避けるための具体的な措置を講じるべきでした。なお、具体的な措置については運動部活動についてはスポーツ庁から、文化部活動については文化庁から、ガイドラインが公表されています。また、熱中症に関しては、環境省・文部科学省『学校における熱中症対策ガイドライン作成の手引き』（令和３年５月）があります。

顧問を断ることができるか
部活動の指導に自信がない。顧問になることを断ることはできる？

断ることができるかどうかは様々な考え方がある。少なくとも、いったん引き受けたら顧問として事故を防ぐために万全の注意を尽くさなければならない。

　公立学校では、多くの教員が校務分掌として部活動顧問業務を割り当てられているのが実情です。また、地方自治体が制定する学校管理規則の中でも、校長の校務掌理権の1つに顧問業務の割り振りが規定されていることがあります。教員が顧問業務を拒否することができるかということについては、法的に明確ではなく、様々な考え方があります。学習指導要領において、部活動が学校教育の一環と位置づけられていることから、部活動顧問は教員の当然の業務であり、職務命令により強制的に担当させることができるという考え方もあります※1。この考え方によれば、教員は部活動顧問を断ることはできないということになります。

　他方、部活動は、教員の勤務時間終了後の時間や土日・休日について時間外勤務を命じることのできる「超勤4項目」に含まれていません。そうだとすれば、顧問業務を命じることができたとしてもそれは勤務時間内に限られ、勤務時間を超える時間帯については顧問業務を強制させることはできないという考え方もあります。ただし、このように考えたとしても、裁判例の考え方からすれば、勤務時間内外にかかわらず、顧問として事故を防ぐために万全の注意を尽くす義務が発生するため、勤務時間外だからといってその責任を

※1
菱村幸彦『最新 Q&A スクール・コンプライアンス120選―ハラスメント、事件・事故、体罰から感染症対策まで』ぎょうせい、p96、令和2年

免れることはできません[2]。いったん顧問を引き受けたら、事故を防ぐために万全の注意を尽くさなければならないのです。

※2
熊本地裁昭和45年7月20日

顧問の立ち会い義務
Q2 部活動顧問は、活動中、常時立ち会わなければならない？

A 原則として常時立ち会う義務まではないが、事故が発生する危険があることを具体的に予見することが可能な場合は立ち会うべき。

　課外のクラブ活動は、本来生徒の自主性を尊重すべきものであるため、原則として、顧問は個々の活動を監視指導すべき義務までを負うものではないと考えられます[1]。もっとも、何らかの事故が発生する危険があることを具体的に予見することが可能な場合には、事故の発生を防ぐために対応する必要があります。たとえば、格闘技などそれ自体に危険性を伴う競技の場合や、生徒の体力、技量、発達が未熟であり、生徒だけに任せた練習では事故が発生する危険が想定される場合には、立ち会うことが求められます。

※1
大阪高裁平成27年1月22日、最高裁昭和58年2月18日

危険な競技の指導
Q3 柔道やラグビーなど体をぶつけあうような競技や、棒高跳びなど、類型的にけがをする危険が高い競技の指導で注意することは？

A 競技の危険性に応じて、事前の計画、生徒の健康状態や能力の把握、それに応じた適切な指導が求められる。

　激しく体をぶつけあうような競技や高所での活動、アクロバティックな動作を伴う競技など、競技自体に高い危険性がある場合には、事故が発生しないよう、特に慎重に指導を行うことが求められます。

　裁判例では、①競技の性質上、事故の危険性を一定程度伴うものであるかどうか、②本件事故前の生徒の体調や当該生徒が体調に不安を持っていることについて顧問の教員が把握していたかどうか、③顧問の教員の競技経験から競技の危険性について熟知していたか、といった事情から、顧問教員は事故の発生を予見できたとして、生徒が競技に参加することをやめさせるべき注意義務を怠っていたと判断したものがあります[1]。

※1
福岡高裁平成22年 2 月 4 日

自家用車での引率中の事故

自家用車で生徒を引率中に、もし交通事故を起こしたらと思うと不安。事故を起こした場合、顧問の責任は？

引率行為が教育委員会などが定める自家用車の使用ルールに基づき行われた場合は、地方自治体に法的責任が発生する。顧問がルールに違反して自家用車を使用し、事故を起こした場合は顧問個人の責任。

　顧問が自家用車で引率中に交通事故を起こした場合、引率行為が地方自治体の事業の執行についてなされたものと評価されるときは、地方自治体が法的責任を負います[1]。部活動引率に関する自家用車使用については、多くの教育委員会において、自家用車の使用が認められる要件や事故発生時の損害賠償に関するルールが定められています。顧問がルールに従い承認

※1
国家賠償法 1 条 1 項

を得たうえで事故を起こした場合は、地方自治体の事業を執行するに当たりなされた行為であるため、地方自治体に法的責任が発生します。

他方、顧問がルールに違反して承認を得ずに自家用車を使用し、事故を起こした場合は顧問個人の責任となるため注意が必要です。

なお、生徒を自家用車で引率するに際して、保護者から同乗承諾書を徴取する場合がありますが、これがあるからといって、事故を起こしたときの責任が免除されるわけではありません。

顧問任せの部活動指導はリスクあり

裁判例においては、直接指導に当たる教員が安全配慮義務を負うことはもちろんですが、教員の監督者であり、学校の安全管理に責任を負う学校長においても、部活動の指導に当たる教員に対して事故防止に関して適切な指導助言を与える義務があるとされ、実際に学校長の過失を認めた裁判例もあります（Ｑ１※２参照）。学校長は、部活動の指導を顧問の教員任せにするのではなく、指導に当たる教員に対して、事故を防止するために適切に児童生徒に対して指導するよう、指導・助言する必要があります。

部活動顧問の負担や部活動中の事故の法的リスクを減らすためには、技術的専門性を持った外部の部活動指導員の導入が望まれます。

第2部

保護者等学校関係者との関係

CASE 7

児童の祖父母に児童の学校での様子を伝えたら親権者から苦情がきた

事例　児童Aの近くに住む父方祖父母から、Aの学校での様子について問い合わせがきました。担任Tは、Aの両親が離婚しており、親権者が母親のみであることを把握していましたが、Aの家庭と父方祖父母の関係が良好だと思い込み、Aが欠席がちであることや学校での気になる様子を話しました。ところが翌日、Aの母親から、実はAの監護に関して父母間で紛争になっており、担任Tが、勝手にAの様子を父方祖父母に話したことについて苦情が寄せられました。

初期対応のポイント　児童生徒に関わる個人情報を第三者に提供する場合は、親権者の同意を得るのが基本。

　学校が児童生徒の個人情報を本人以外の「第三者」に提供する場面はたくさんあります。たとえば、教育委員会と情報共有したり、同一地方自治体の別の部署に情報を提供することは日常的に行われます。行政機関等以外の第三者との関係においても、親族や近隣住民などから児童生徒に関する問い合わせを受けたり、あるいは支援者・関係者などと連携するため情報提供を検討する場面もあるでしょう。こうした行政機関等以外の第三者に個人情報を提供できるのは、親権者の同意がある場合などに限られます。今回のケースでは、担任がよかれと思って父方祖父母に対して児童Aの情報を提供したことによって、トラブルになりました。学校は、たとえ祖父母であっても安易に情報を提供せず、親権者に情報提供してよいかどうか判断を仰ぐことが必要です。

行政機関等以外の第三者への個人情報の提供

民間の支援機関につなげたい児童がいる。どのような要件のもとで、支援機関に当該児童の個人情報を提供することができる？

行政機関等以外の第三者に個人情報を提供する場合は、法令に基づく場合を除き、本人（親権者）の同意が必要。

1　個人情報の目的外利用と第三者提供の原則ルール

　学校には、日々の教育活動を通じて、児童生徒の評価、成績、思想、信条、健康状態、国籍、家庭の事情など、多くの情報が集まります。学校は、入学時に保護者に対して利用目的を明示し、個人情報の取扱いについての同意を得たうえで個人情報を収集します。児童生徒や保護者は、学校と約束した使用目的以外に自分の個人情報を使用されることはないと信じて、学校に情報を託しています。したがって、学校がよかれと思ったとしても、原則として、個人情報を目的外利用したり、第三者に対して情報提供することはできません。学校が、個人情報を目的外利用したり、行政機関等以外の第三者に提供するためには、法令上の根拠に基づき提供するか、本人の同意を得ることが必要です[1]。

2　「本人」の同意とは

　「本人」がおおむね小学生・中学生の場合には、保護者の同意を得ることが必要です[2]。ここでいう保護者とは、法的に、子どもの利益のために、監護・教育を行ったり、子の財産を管理したりする法的な権限を持つ「親権者」のことです。通常は父母のことをいいます[3]。

[1]
個人情報保護法69条2項1号。私立学校の場合は同法27条
[2]
個人情報保護委員会事務局「個人情報の保護に関する法律についての事務対応ガイド（行政機関等向け）」p95、令和4年2月、個人情報保護委員会『個人情報の保護に関する法律についてのガイドライン』及び『個人データの漏えい等の事案が発生した場合等の対応について』に関するQ&A」Q1-62、平成29年2月16日
[3]
民法820条、824条

3　どのように同意を得るか

　同意は必ずしも書面によることは必要ではなく、口頭でもかまいません。もっとも、後のトラブルを予防するため、可能であれば第三者に提供することについて本人の同意を得たことを書面で残しておくことが望ましいといえます。第三者に提供するたびに同意を得る必要はなく、想定される提供先の範囲や属性を示して包括的に同意を得ておけば足ります[4]。同意書という形で徴取するのが難しい場合は、口頭で同意を得たことを記録に残しておくようにします。

> ◆同意書の例
> 学校が保有する○○の個人情報について、△△の目的のため、□□に提供することについて同意します。
> 　年　月　日
> ○○親権者△△

4　本人から同意が得られない場合はどうする？

　個人情報を行政内部で利用したりほかの行政機関等に提供する場合以外の第三者に提供する場合で、本人の同意なく提供できるのは次の場合に限られます。
①情報提供してもよいと法令で定められている場合[5]
（例）
- 児童生徒が犯罪行為を行った際、警察から捜査関係事項照会がされる場合[6]
- 弁護士会を通じて児童生徒に関する照会がされる場合[7]
- 要保護児童対策地域協議会（以下、要対協）において、その構成メンバー内で情報共有する場合[8]。

　本事例で当該機関が要対協に入っている場合は、法令に基づき本人の同意がなくとも情報を共有できま

※4
個人情報保護委員会『「個人情報の保護に関する法律についてのガイドライン」に関するQ&A』Q7-8、Q7-9、平成29年2月16日

※5
個人情報保護法69条1項

※6
刑事訴訟法197条2項
※7
弁護士法23条の2
※8
児童福祉法25条の2第2項

す。

②その他の場合[9]

　「明らかに本人の利益になるとき」または「特別の理由があるとき」に提供できます。

　たとえば、緊急に輸血が必要な場合に本人の血液型を医師に知らせる場合や、本人が被災した際に親権者ではない家族に知らせる場合など、本人の生命や身体、または財産を保護するために必要がある場合などに限られます。

※9
個人情報保護法69条2項4号

Q2 親権者の同意があっても児童生徒の情報を提供すべきでない場合

ある児童が書いたいじめアンケートに、父親から暴力を受けているという記載があった。このアンケートについて親権者である父親が開示を求めているが、開示してもよい？

A 児童生徒と親権者の間の利益が相反する場合や、開示することによって児童生徒本人の身に危険が及ぶおそれがある場合は、開示してはならない。

　親権者は児童生徒の法定代理人であり、児童生徒の代わりに情報提供に同意したり、児童生徒に関する情報を受け取る権利がありますが、現実的には両者はそれぞれ別の人格であるため、お互いの考えや、利害が必ずしも一致するとは限りません。児童生徒の情報について、親権者の同意があったとしても、児童生徒と親権者の間の利益が相反する場合や、開示することによって児童生徒本人の身に危険が及ぶおそれがある場合は、開示すべきではありません[1]。このことは、口頭による情報提供の場合も同様です。また、児童虐

※1
個人情報保護法78条1項1号、69条2項柱書・但書

待防止法においては、学校、教育委員会、教職員は、正当な理由なく、その職務に関して知り得た児童虐待を受けたと思われる児童に関する秘密を漏らしてはならないと定められています[2]。

　本事例のベースになった実際の事例では、児童が両親から虐待されて死亡する前に、教育委員会が、父親から暴力を受けていることを児童が記載したアンケートを父親に開示していたことで、大きな批判を呼びました。

※2
児童虐待防止法5条3項

Q3 法令で情報提供が義務づけられている場合
児童から、親から虐待されていることを打ち明けられた。誰にも言わないでほしいと懇願されたが、どうしたらよい？

A 学校の通報義務が優先するため、児童相談所などに通報する必要がある。

　学校には、児童虐待を発見した場合の通報義務があります[1]。このことは、児童生徒本人が、虐待を受けた事実を親やほかの人に言わないでほしいと言った場合でも同様であり、通報したとしても守秘義務違反が問われることはありません。

　もし児童生徒が本事例のような訴えをしてきた場合には、「法律上、学校はあなたを守るために必ず通告しなければならない決まりになっていること、学校は絶対的にあなたの味方でありあなたを守ること、今後のことは、あなたの意向を踏まえて児童相談所と一緒に相談していこう」と説明するなどして、児童生徒の心情に寄り添い、その不安を一つひとつ払拭する手立てを一緒に考えながら、丁寧に進めることが必要で

※1
児童虐待防止法6条1項、3項

す。大切なのは、できない約束はしないということです。その場しのぎで、児童生徒に対して、誰にも言わないなどと約束してはいけません。それを信じた児童生徒の信頼を裏切ることになり、後にトラブルになる可能性があります。

 Q4
個人情報を行政機関内部で利用したり、ほかの行政機関などに提供する場合
生活が困窮していると思われる家庭の児童について、同じ地方自治体内の生活保護受給に関する部署から情報共有を求められた。情報提供してもよい？

 A
行政内部での個人情報の利用や、ほかの行政機関に対する情報提供は、「必要な限度」で「相当の理由がある場合」に行うことができる。

　行政内部での利用と、ほかの行政機関などに情報提供する場合は、「事務処理に必要な限度」で、その情報を利用することについて「相当の理由があるとき」に利用ないし提供できます※1。「相当の理由があるとき」とは、少なくとも、社会通念上、客観的にみて合理的な理由があることが求められます。

①行政機関内部で利用する場合
　典型的な例は、学校と教育委員会との間で情報を共有する場合です。なお、PTA は、学校とは別の団体であるため、親権者の同意なく、学校で得た個人情報を PTA に提供することはできません。

②ほかの行政機関、地方公共団体の機関等に提供する場合
　たとえば、転入生が問題行動を起こしたとき、以前

※1
個人情報保護法69条 2 項 2 号・3 号

在籍していた学校に対して生徒の従前の様子について問い合わせする場合や、本事例のように、同一地方公共団体において、教育委員会以外の部署と連携して情報共有する場合が考えられます[2]。この場合、児童生徒の指導や支援のために、必要な限度で、かつ、提供を受ける側が情報を利用することについて相当の理由がある場合に情報提供することができます。

※2
個人情報保護委員会事務局「個人情報の保護に関する法律についてのQ&A（行政機関等編）」Q3-3-8、令和4年2月

Q5 報道機関からの問い合わせへの対応

本校の教職員が不祥事を起こした。報道機関から学校に問い合わせが来た場合は？

A 提供する情報の内容及び方法、児童生徒の安全と心理的影響を抑えるための環境整備について、速やかに教育委員会と協議する。

　学校事故、少年事件、教職員の不祥事、重大ないじめ事案など、社会の注目を集める事件が発生した場合、学校に報道機関からの取材申込みがある場合があります。マスコミの取材は、報道を通じて学校関係者や地域住民に正確な情報を発信できる機会でもあります。ただし、取材の結果、どのように編集されて報道されるかということを学校側はコントロールできないため、事実が誤って伝わることのないよう、注意すべきポイントがあります。

◆**対応のポイント**

①社名、記者名、連絡先、取材の目的を確認する
②学校の窓口担当者を決める
③個人情報は親権者の同意がない限り、明らかにすべきではない。事案の関係者については、事前に取材に対してどの範囲で情報提供するか説

　明し、同意を得ておくことが望ましい

④教育委員会と協議し、学校として外に出せる情報と出せない情報を決める。公表しても問題ない事実については、簡単にペーパーにまとめて先に報道機関に配布しておくことも考えられる

⑤話すのは確実な事実のみ。断定できないことについて憶測や意見を求められたときは「不確実なことは言えない」とはっきり断る。濁すための相槌（あいづち）は、同意していると受け取られかねないので注意する

⑥学校付近で児童生徒への取材は、児童生徒の安全確保と心理的影響が懸念されることから、報道機関に対し、配慮するよう依頼する

個人情報に関する事故が発生した場合

Q6　個人情報を記載した書類を紛失してしまった場合は？

A　すぐに管理職に報告する。被害の発生する範囲を特定し、再発防止策を講じる。

　紛失に気づいた場合、教職員はすぐに管理職に報告します。管理職は、速やかに教育委員会に報告し、今後の対応を協議します。盗難、紛失の場合は、警察に連絡するとともに、どんな情報が、どのような経緯で、どの範囲で流出したか、またはそのおそれがあるかを調べます。個人情報が漏洩（ろうえい）したか、またはそのおそれがある情報に係る個人に対しては、漏洩の経緯や今後の対応を説明し、謝罪します。紛失した原因を踏まえ、速やかに拡大防止・再発防止策を講じます。

　漏洩の内容や原因によっては、非違行為として地方

公務員法上の懲戒処分の対象となり、管理職について
も管理監督責任を問われる可能性があります。

個人情報の取扱いのルールを
押さえることは連携のための基本

　学校が、児童生徒に対して適切な支援を行うために、他機関と連携することが求められる場面は多々あります。他方で、個人情報は、取扱いを誤ると児童生徒やその親権者からの信頼関係を失い、児童生徒やその親権者との間で紛争となるばかりではなく、懲戒処分を受ける可能性もあります。

　そのため、個人情報の取扱いルールを正確に理解し、適切に運用することは、教職員にとって必要不可欠なスキルといえます。

◆目的外利用・第三者提供のフローチャート

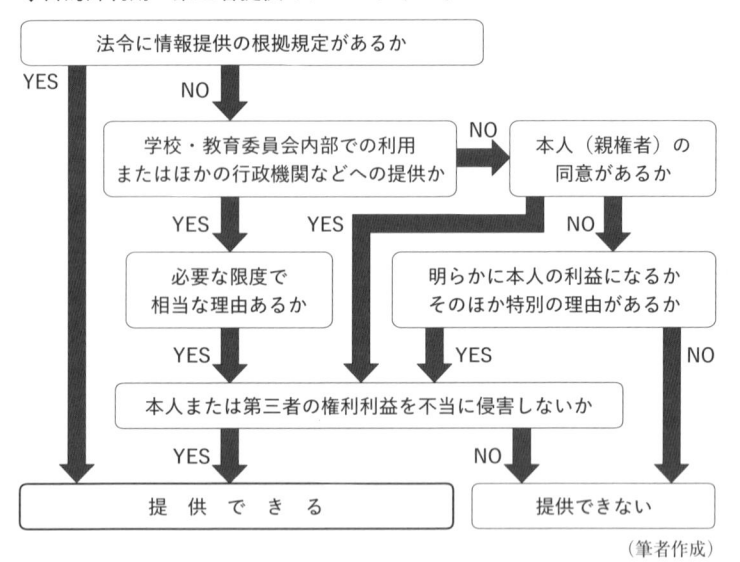

（筆者作成）

学校が個人情報を提供する場面

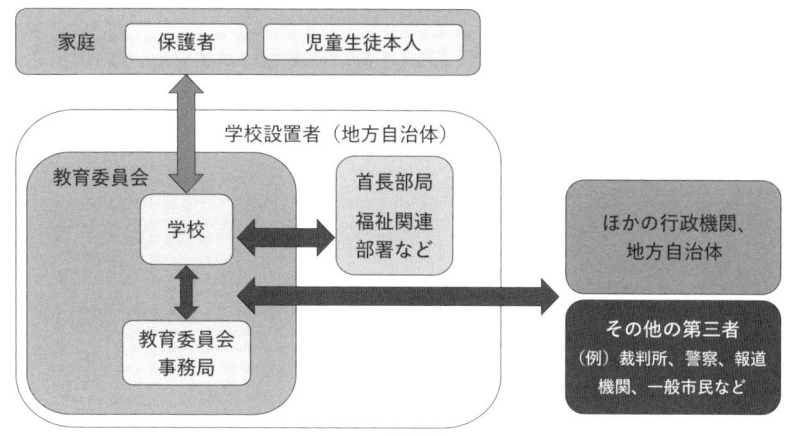

（筆者作成）

学校が保有する個人情報を目的外利用・提供できる例外的な場合

	例
法令に基づく場合 （個人情報保護法69条 1 項）	・要対協 ・警察からの捜査関係事項照会
本人の同意がある場合※ （同法69条 2 項 1 号）	
行政内部での利用・ほかの行政機関や地方公共団体の機関への提供※ （同法69条 2 項 2 号・ 3 号） ➡必要な限度で、相当の理由があるときはOK	・学校と教育委員会との共有 ・同一地方自治体内の別部署への提供 ・ほかの行政機関や地方自治体への提供
上記以外の場合（同法69条 2 項 4 号）※ ➡明らかに本人の利益になるとき、特別の理由があるときは OK	緊急に輸血が必要な場合に当該個人の血液型を医師に知らせる

※いずれの場合も、本人または第三者の権利利益を不当に侵害しないことが必要。

（筆者作成）

CASE 8 担任が作成した記録を保護者が開示請求してトラブルになった

事例 学校や担任Tの対応に不満を持つ児童Aの保護者が、Aの指導に関する担任作成の記録やケース会議の議事録の開示を求めて、個人情報開示請求をしました。開示された資料の中には、Aの保護者に対して「話が通じない」「モンスターペアレント」などと表現された記載があり、それを読んだAの保護者が激怒しています。

初期対応のポイント 教職員が作成して組織的に使用された記録は、後で開示または公開される可能性があるため、表現内容に注意する。

　教職員が、指導や対応の記録をつけておくことには、次のようなたくさんのメリットがあります。普段から、メモでもよいのでこまめに記録をつけておくことが重要です。

①教職員同士が正確に情報共有でき、組織的対応がスムーズになる

②事実を正確に記録しておくことにより、児童生徒や保護者との間で「言った。言わない」「やった。やってない」ことで揉めるリスクを減らすことができる

③長期にわたる継続的な対応が必要な事案において、教職員の異動などに伴う引継ぎを確実に行うことができる

④いじめや学校事故において学校の対応が事後的に問題となった場合、事実認定や学校の対応が適切であったかどうかの判断材料となる

　もっとも、教職員が作成し組織的に用いられ保管されている記録は、公文書として開示または公開の対象となる可能性があるということに留意する必要があります。

開示・公開の対象となる文書

教員が日々の指導について備忘のためにつけているメモは公文書になる？

個人的に作成し個人的に保有しているだけのものは公文書にならないが、組織的に使用され保有されると公文書になる。

　個人的に備忘録としてつけているメモまで開示・公開対象になってしまうのであれば、いっそ記録などつけないほうがよいのでは？と思うかもしれません。教員が作成するメモや記録は、どのようなものが開示・公開の対象となる公文書になるのでしょうか。

　個人情報保護法および各地方自治体の条例によれば、公開・開示の対象となる文書は①教職員が職務を行う過程で作成・取得した文書等であって、②職員が組織的に用いるものとして、③実施機関が保有しているものとされています[※1]。

　たとえば、会議録、報告書、出席簿、定期テストなどは組織的に使用される文書であり、公文書に該当します。これに対して、教職員が個人の記録していたメモ類は、個人のみで使用し保管している限りにおいては公文書に当たりません。しかし、それが報告資料や会議の資料として用いられたり、事後的にいじめや学校事故などの調査の資料として用いられるときには、組織的に使用されることになるため、公文書になります。公文書は、法律または条例で定められた非開示・非公開事由に該当しない場合、開示または公開されることになります。

　したがって、個人的な記録のつもりで作成するメモや記録であったとしても、後に開示または公開対象になるかもしれないという心構えで作成する必要があり

※1
個人情報保護法60条1項

ます。

 開示・公開の対象となる文書
卒業生から、学校が保管する文書について開示請求された。文書に「マル秘」「取扱注意」「持出厳禁」などと記載しているものについても開示対象となる？

 「マル秘」「取扱注意」「持出厳禁」などの記載があっても開示される場合あり。

　公文書は、行政が適正に執行されているかどうかを広く国民がチェックすることを可能にするため、原則として公開することが予定されています。文書の冒頭に「マル秘」「口外厳禁」「持出厳禁」などと記載していても、公開・開示の対象となり得ます。

　また、各自治体の規則に定める文書の保存年限が経過していたとしても、現に文書が存在している場合は公開の対象になります。

　公文書の公開・開示を求める方法は、2つあります。1つは、情報公開請求で、学校や教育委員会など公の機関が持つ情報を国民共有の財産として、国民の知る権利に基づき、誰もが行うことのできる手続きです。もう1つは、個人情報開示請求で、自己情報コントロール権に基づき、個人情報の本人が、個人情報の開示などを求めることのできる制度です。児童生徒が自分のことに関する記録の開示を求める場合は、個人情報開示請求になります。

　どちらの手続きにおいても、それを開示または公開することにより、行政の円滑な運営に支障が出る場合など、法律や条例に定める非開示・非公開事由に該当

しない限りは、原則として開示または公開に応じる必要があります※1。学校としては、開示または公開されると自分たちに都合が悪いからという理由だけで、開示または公開を拒んだり、都合の悪い部分だけを削除したり改ざんすることは当然許されません。

※1
個人情報の非開示事由については個人情報保護法78条1項各号

記録をつけるときのポイント

Q3　日々の記録を作成するうえで具体的に気をつけるべきポイントは？

　5W1Hを意識して作成する。客観的な事実に関する記載を心掛ける。

1　どのようなときに記録をつけるべきか

　たとえば気になる児童生徒がいる場合や、組織的に対応する必要がある事案においては、その指導や支援の過程や、保護者とのやりとりを記録として残しておく必要性が高いといえます。また、事故やいじめなど、事実関係を明らかにする必要がある事案が発生した場合には、発生直後からこまめに記録をつけるべきです。

2　日々の記録をどうやって作成するか

　パソコンで日々の出来事を記録作成していく方法や、消えないボールペンでノートに隙間なく記載していく方法が考えられます。パソコンで作成する場合は、データを紛失したり後から内容を改ざんできないよう、定期的にプリントアウトして紙で保存しておくのがよいでしょう。

　記録を誰がいつ作成したかということも重要な情報

です。作成者と作成日時も忘れずに記載しましょう。

3　５Ｗ１Ｈを意識し、なるべく具体的に事実を記載する

　記録をとるときは、いつ、どこで、誰が、何を、どうやってしたのか、という５Ｗ１Ｈを意識し、なるべく具体的に記載します。

　記載内容は、客観的な事実を具体的に記載します。

　児童同士がけんかになり、一方の児童が壁に頭をぶつけたという事例の記録を例に挙げてみます。

◆事実関係があいまいな記載例

○月○日、児童Ａと児童Ｂがトラブルになり、ＡがＢの体を押してＢがけがをした。Ｂ保護者に連絡。

　このような記載では、なぜＢがけがをするに至ったのかという経緯やけがの状況、学校としてどのように対応したのか詳細が不明確です。

◆５Ｗ１Ｈを意識した記載例

○月○日、○時○分頃３時間目が始まる直前（いつ）、児童Ａが（誰が）、自教室の前の廊下で（どこで）、児童Ｂから筆箱の絵柄をからかわれたことに腹を立てて、右手でＢの左肩を押し、Ｂがよろけて廊下の壁にぶつかり右側頭部を打った（何を、どうやって）。

○時○分頃、担任が教頭へ報告した。

○時○分、担任がＢ保護者に電話で経緯を説明し、来校を依頼した。

　自分や学校にとって、都合の悪いと思われる事実でも、ありのままに記載しましょう。都合の悪いことで

も正直に記載することにより、記録全体の信用性が高まることになります。

4 客観的な事実を記載し、主観的な感想や評価はなるべく避ける

記録をつける際は、主観的な感想や他人を評価するような表現を記載することは避けます。特に、児童生徒や保護者の性格や態度についてのネガティブな評価や感想は、開示されたときにトラブルとなる可能性があります。対応に苦慮する保護者をモンスターペアレントなどという言葉で評するようなことは絶対に避けるべきです。すでに保護者との間でトラブルとなっている事案であれば、関連する文書について開示請求される可能性が高いことに留意しておく必要があります。

> ◆事実があいまいで主観的な評価が加わった、よくない記載例
>
> 児童Aの保護者は、担任Tに対し、ふてぶてしい態度で罵倒した。

> ◆事実を記載した例
>
> 児童Aの保護者は、担任Tに対し、ポケットに両手をつっこみながら、隣の部屋に聞こえるほどの大きな声で○○と言った。

5 重要な情報は見やすくする工夫を

情報を効果的に読み手に伝えるために、特に重要な箇所にはアンダーラインを引いたり太字にするなど、重要な情報であることが分かるよう強調することも有用です。

6 会議録を残す

　複数の教職員で対応を協議した場合は、会議録を作成するようにします。面倒かもしれませんが、会議録を残す習慣をつけることで、多忙な教職員同士で情報や認識の共有を正確に行うことに役立ち、結局は業務の効率化にもつながります。

　会議録には、①会議録の作成者、②会議録の作成日付、③会議の日時・場所、④会議の参加者、⑤会議で話し合った内容（共有した情報、検討や決定したこと、今後の方針など）を記録します。

管理職への ワンポイントアドバイス

**担当者が異動や退職をした場合を想定して
記録の作成・保存を適切にマネジメントする**

　学校でのいじめや事故は、発生後時間がたってから問題が顕在化し、当時の学校の対応が問題となることがあります。そのような場合、事案発生当時の記録が重要な資料となるため、管理職は、教職員に対して、普段からこまめに記録をつけるよう指導しておくことが大切です。様々な情報をもれなく記録できるよう、学校として統一したフォーマットを作成し、そこに記入していくような仕組みを整えることも有用でしょう。

　記録の保存を個人任せにしていると、教職員が異動や退職をした際に記録が散逸してしまうリスクがあります。学校が組織として用いた資料は、学校において保管の責任者と保管方法のルールを決め、適切に保存しましょう。

CASE 9

保護者対応

わが子への指導に不満を持つ保護者に対して、担任が連日長時間対応している

事例　小学４年生の児童の保護者が、「わが子が担任から暴言を吐かれたと言っている。担任Ｔはほかの子をひいきしている。謝罪してほしい」などと言ってきます。学校としては、事実関係を確認したうえで担任の指導に問題はないと判断しているのですが、保護者には理解してもらえません。担任Ｔは連日保護者との長時間の対応を余儀なくされ、心身ともに疲弊しています。

初期対応のポイント　まずは保護者の主訴を正確に把握する。困難なケースは担当者１人ではなく組織的に対応する。

　保護者から意見、苦情、要望などが寄せられた場合の対応は、おおむね以下のような点がポイントです。

①まずは保護者の意見をしっかり聞き取り、保護者が学校の対応の何を問題と考えているのか、学校に対して何を求めているのかを把握する

②事実関係を調べ、それまでの対応が適切であったのか検証する。不適切な点があった場合は、謝罪して改善することも必要であり、それまでの対応に非がないと思われる場合でも、保護者が不満を抱えているのであれば、学校として対応できることは保護者に寄り添い、できないことは、その理由を丁寧に説明する

③過剰な要求や粗暴な言動がみられるなど対応が困難な場合は、担任１人に任せず、早い段階で管理職が入り、必要に応じて主幹教諭や生徒指導担当も含め、チームで毅然と対応に当たる

④以上の対応の経緯について記録に残しておく

対応時間のマネジメント
保護者に学校の方針を納得してもらうことができず、次々に新しい要望が出てくる。連日、夜間・休日問わず長時間の対応で教職員が疲弊している場合、どう対応すべき？

 学校はあらかじめ対応時間を指定し、時間を区切って対応するよう努める。

1 できることとできないことをはっきりさせる

　保護者は、子の教育について第一義的に責任を負っており、また、子を監護する者として、学校での出来事に強い関心を持っています[1]。公立学校は、児童生徒および保護者と在学関係にあり、これに付随する義務として誠実に保護者に対応する義務がありますが、必ずしもすべての要望に応えられるとは限りません。学校としては、できることとできないことを明確にしたうえで、譲歩できないラインを超える要求をされた場合には断ることが必要です。その際、議論が平行線になってもやむを得ません。安易に譲歩すると、要求がエスカレートしたり、ほかのケースでも同様の対応をしなければならなくなり、かえって後々大変になります。応えることのできない要求に対しては、心を強く持って毅然と断ることが必要です。

※1
教育基本法10条1項、
民法820条

2 即答できない場合は持ち帰る

　保護者から、学校の見解を問われたり、謝罪などの対応を求められる場合があります。事実関係がまだはっきりしない段階やその場で判断に迷う場合は、即答せず持ち帰って検討する旨を伝えましょう。相手の怒りを鎮めようと、その場しのぎで「たしかに」「そうですね」など肯定したととらえかねないあいまいな

返答はしないよう気をつけましょう。後に相手の望む
対応ができない場合、より事態がこじれることにつな
がりかねません。

3　話す内容と時間は学校がマネジメントする

　保護者に寄り添い、傾聴する姿勢は重要ですが、話
が進展しないまま、だらだらと教職員が長時間拘束さ
れるのはよくありません。管理職は、教職員の心身の
健康を守る安全配慮義務を負っています。対応可能時
間は、原則として教職員の勤務時間帯内とすべきで
す。長時間の対応が予想される保護者に対しては、管
理職が、話し合いに入る前に、その日の議題と対応可
能時間をあらかじめ伝え、予定時間が来たら切り上げ
るといったタイムマネジメントを行うことも必要で
す。保護者に対しては、あらかじめ入学説明会や学校
ホームページなどを通じて、教職員が対応できる時間
帯を周知しておきましょう。

　ただし、緊急時や学校の対応に明らかに非がある場
合など、やむを得ない事情がある場合は誠意をもって
対応する必要があります。

> ### ◆学校でみられる不当な要求行為の例
> 　(1)　学級担任の変更要求
> 　学級担任の人事は校長の校務分掌として校長の
> 裁量で行われます。担任を変更することがほかの
> 児童生徒に与える心理的影響・学習面での影響は
> 甚大であるため、担任による学級運営が著しく不
> 合理でない限り、原則として応じる義務はありま
> せん[2]。
> 　(2)　金銭の要求
> 　学校管理下において学校側に非があり、損害を

※2
神内聡『スクールロイ
ヤー―学校現場の事例
で学ぶ教育紛争実務
Q&A170』日本加除出
版、p203、平成30年

賠償する必要があると考えられる場合であったとしても、校長や教職員の個人責任ではなく、学校設置者が責任を負う主体となるため、そもそも校長や教職員に被害者と示談する権限はありません。また、公立学校の場合、賠償金を支払う場合は、専決処分できる場合を除き、議会の議決が必要となります[※3]。そのため、学校に損害賠償責任が認められる場合であるかどうかにかかわらず、校長が勝手に示談してはいけません。金銭の要求を受けた場合、早急に教育委員会に報告、相談し、協議することが必要です。

※3
地方自治法96条１項12号、13号

Q2 書面を求められたときの対応

保護者に対して学校としての対応方針を口頭で説明したが、保護者から書面で回答してほしいと言われた場合は？

A 法的に文書で回答する義務はないが、文書で回答することが適切な場合もある。

　保護者から、学校の対応、経緯、今後の方針などについて、文書での回答を求められたり、学校の対応に非がある場合、書面で謝罪することを求められることがあります。

　一般的に、保護者から説明を求められたり、謝罪を求められたりした場合に、どのように回答すべきかということについて法的な決まりはなく、学校が書面を作成して交付しなければならない法的義務はありません。通常、学校と保護者との協議内容は個人情報や不確定な内容を含んでおり、交付した書面が、その後誰

かの手に渡り、どこでどのように使用されるか分からないリスクもあります。そのため、学校のリスク管理という観点からは、原則として書面を交付することは控えることが望ましいといえます。

　もっとも、次のように、むしろ書面交付することが適切な場合もあります。その場合でも、作成した書面は公文書となるため、作成するかどうか、作成するとしてどのような内容にするのかということについては慎重に検討する必要があります。

◆例1　学校に明らかな非がある場合
　保護者と学校との間の事実認識に齟齬がなく、明らかに学校に非がある場合、書面で事実関係を認め、早期に謝罪の意を示したほうがよい場合があります。学校が真摯に対応したことの証拠にもなります。ただし、この場合でも、個人情報保護の観点から、内容から個人を特定されないような記載の配慮が必要です。

◆例2　記録として残しておくのが有用な場合
　保護者との間で「言った。言わない。」を防ぐため、お互いの協議の結果を書面で確認する必要がある場合や、口頭よりも書面のほうが円滑な意思疎通ができる場合にも、書面を作成して交付することが有用です。たとえば、保護者の主張や要望が度々変わる場合や、保護者に学校の認識や思いが正しく伝わりにくい場合は、その都度、協議内容を議事録として残し、互いに内容を確認しておきましょう。

無理な要求に対する対応

保護者が無理な要求を繰り返し、話し合いの場で粗暴な言動に出る場合は？

A 組織として毅然と対応する。犯罪行為が行われたり、身の危険を感じる場合は警察に通報する。

　学校として話し合いで解決できる限度を超える内容を要求されたり、あるいは、要求している内容は正当なものであったとしても、教職員に対して侮辱、暴言、威圧的な言動を行うなど、要求態様が不当な場合もあります。

　不当な要求行為があった場合には、複数の職員により、組織的に毅然とした対応を行うことが肝要です。内容を記録するとともに、行為者に対し、口頭または書面により不当要求には応じることができない旨を回答します。回答したにもかかわらず、不当な要求行為を中止しない場合は、校長の施設管理権に基づき退去を命じ、警察に通報します。学校としては保護者を警察に通報することには抵抗感があるかもしれませんが、地方公務員には、犯罪があると思料するときは、告発する義務があるとされています[1]。

　また、管理職には、教職員に対する安全配慮義務があります。犯罪行為が行われた場合は、教職員の心身の安全を守ることを最優先すべきです。学校長は、教職員が第三者から物理的・精神的に不当な攻撃を受けていることを認識した場合、加害行為をやめさせる、加害行為が行われる蓋然性が高い場合には、防止するための措置を講ずることが必要です。危険な行為が行われることを予測しながら何もせず、教職員が心身に傷害を負った場合、安全配慮義務違反を問われる可能

※ 1
刑事訴訟法239条 2 項

性があります。

> ◆警察に通報するケースの例
> - 児童生徒・教職員に対して、ひどく侮辱する、暴言をはく（侮辱罪）
> - 大声で恫喝、威圧する（威力業務妨害）
> - 長時間居座り求めても退去しない（不退去罪）
> - 恫喝・掲示物・物品の破損（器物損壊罪）
> - 教職員に対して「つく」「おす」「物を投げつける」などの加害行為を行う（暴行罪）

録音①

保護者が学校との話し合いの場や保護者会の様子を録音しようとしている。学校としては録音してほしくないのだが、どうしたらよい？

施設管理権に基づき録音しないよう求めることができる。ただし、こっそり録音されることは防げないため録音されることを前提に準備したほうがよい。

　保護者が学校の対応に不信感を持っている場合、保護者が、学校との話し合いを録音・録画しようとすることがあります。学校内でむやみに録音・録画することは、ほかの児童生徒や教職員のプライバシーを侵害し、円滑な教育活動の妨げになるおそれがあります。

　そこで、各地方自治体が定める学校管理規則などにおいて、学校内における録音・録画が禁止されている場合は、こうした規程に基づき、無断録音・録画をしないよう求めます。

　仮にこのような規程がなかったとしても、校長には

包括的な施設管理権があるため[1]、これに基づき、校長は学校内における無断録音・録画を禁止できると考えられます。そのため、話し合いの冒頭で保護者に対して録音しないよう求めることができます。

　ただし、それでもこっそり録音されることまで防ぐことはできません。また、録音しないよう求めることにより、「録られたらまずいことでもあるのか」などとかえって保護者の不信感を増大させる可能性もあります。録音させないことに尽力するより、録音されていることを前提に、事前の準備を十分に行い、保護者に提供する情報の内容や保護者への伝え方などを整理して、話し合いに臨んだほうがよいでしょう。

 録音②
保護者との面談の際、学校側が録音してもよい？

 相手に同意を得て録音するのが望ましい。

　保護者が暴言や乱暴な行動に出る可能性がある場合や、話すことがその都度変わる場合、やりとりの記録を残すためにむしろ録音して記録に残しておくことが望ましいケースがあります。

　相手方の同意を得ずに録音することについては法的に問題がないわけではなく、同意を得ておくに越したことはありません[1]。録音することを事前に通告することで、相手が粗暴な行為に出ないよう、けん制する効果も期待できます。説明の仕方としては、お互いの記憶違いを避け、記録として残しておくために録音

※ 1
学校教育法37条 4 項

※ 1
東京高裁昭和52年 7 月
15日

することを説明し、承諾を得ることが考えられます。

　もっとも、承諾が得られない可能性が高く、暴言や威圧的な言動を行う危険のある保護者との面談においては、証拠化の必要性が高いため、相手の承諾を得ないまま録音してもやむを得ない場合もあるでしょう。仮に相手の同意を得ない録音であっても、後に法的トラブルに発展した場合には、証拠として用いることができるのが一般的です。

Q6　保護者による教員の人格批判

保護者が、担任の指導の方法だけではなく人格や性格を批判してくる。このような批判は違法ではないか？

A　教員の教育内容や態様に対して、保護者が批判することが直ちに違法となるわけではないが、教員が我慢できないほどの人格攻撃は違法となる。

　学校教育においては、学校、教員、保護者のそれぞれの立場から率直に意見を述べ合いながら協力することが必要であるため、保護者らが担任の指導について要望を出したり、教員としての能力や指導方法に関する批判をしたとしても、直ちに違法とはいえません。だからといって保護者は何を言ってもよいというわけではなく、教員が我慢できる程度を超えるような人格攻撃や授業妨害を行った場合には、違法となります[1,2]。

　保護者が特定の教員に対する人格攻撃をする場合は、ほかの教員や管理職が対応の窓口となるなど、当該教員を矢面に立たせないようにする工夫が必要です。

※1
東京地裁平成29年 6 月26日
※2
横浜地裁平成26年10月17日

保護者同士の話し合いへの関与

Q7 児童生徒同士のトラブルがあり、保護者同士で話をしたいので学校が間に入ってほしいと要望があった。学校は保護者同士の話し合いにどの程度関与すべき？

教育的配慮の限りで関与し、民事上の紛争に巻き込まれないよう注意。

　児童生徒同士のトラブルが発生した場合に、保護者が、学校に対して相手方の保護者との話し合いの場を提供したり、保護者同士の話し合いに同席したり仲裁することを求めることがあります。

　保護者同士のトラブルにどの程度学校が関与すべきかということについては、ケースバイケースです。基本的には、学校の対応に関する説明や今後の児童生徒に対する教育的配慮を検討するうえで学校が同席することが適切な場合には、同席することもあります。

　しかし、保護者同士の対立が激化し、民事上の損害賠償請求などを求めている場合、その話し合いの場に学校が介入することにより、保護者同士の民事上の紛争に学校が巻き込まれるおそれがあります。学校としては、あくまで児童生徒に対する教育的かかわりの観点から話し合いの場を提供するにとどめるべきであり、法的な問題について仲介などはすべきではありません。民事の法的問題について仲介を求められた場合は、それは学校の役割ではないことを伝え、弁護士に相談するよう助言します。

保護者同士の話し合いに児童生徒が同席することの適否
児童生徒同士のトラブルで、一方の保護者が、相手方の児童生徒を話し合いに出席させることを求めている場合は？

児童生徒を相手方保護者に直接対峙（たいじ）させることはリスクがあるため慎重に検討すべき。

　いじめや児童生徒の故意・過失によって発生した学校事故のケースにおいて、被害児童生徒の保護者が、加害児童生徒に対して、事実確認したい、謝罪を受けたい、指導したいなどの理由から、直接本人に会わせることを学校に求めることがあります。このような場合は、加害児童生徒本人に対して、自らの行為をふり返り、反省を促す機会と捉えることもできます。

　もっとも、加害児童生徒の年齢やケースにもよりますが、加害者であったとしても児童生徒を大人同士の話し合いの場に同席させることは慎重に検討する必要があります。わが子が傷つけられたと感じている保護者が感情をコントロールできず、一方的に加害児童生徒を責めたり、傷つける行為に及ぶリスクがあり、面前の児童生徒には大きな負担となります。そのようなおそれがある場合には、学校の方針として直接面会させることはできないと回答するようにします。

　学校が、加害児童生徒が被害児童生徒の保護者からこうした攻撃にさらされる可能性があることを認識しながら何らの予防措置をとらず、漫然と保護者と対面させ、児童生徒が心理的に苦痛を被った場合、安全配慮義務違反として責任追及されるリスクがあります。

　また、被害側の保護者と加害児童生徒を面会させる場合には、双方の保護者と児童生徒との間で、当日の内容や進行について事前に十分な打ち合わせを行い、

事前の打ち合わせと異なる進行になった場合には直ちに面会を中止すべきです。

困難なケースは組織で対応する

　できないことは毅然と断るべき、というのは正論です。しかし、教職員や学校にとって保護者は児童生徒を介して切っても切れない関係にあり、どのような保護者であっても無下<ruby>無下<rt>むげ</rt></ruby>にはできません。だからといって、相手を怒らせないようにその場しのぎの対応になってしまうと、よけいに問題がこじれて大きくなることがあります。保護者との信頼関係が悪化している場合には、早い段階から管理職を含めて組織で対応を検討するようにします。場合によっては、SSW や SC などの専門家にも参加してもらい、様々な視点を取り入れて検討することにより、よりよい解決方法が見いだせることもあります。教職員によっては、管理職や周囲の教職員に報告することで迷惑がかかると考えたり、自分で解決しなければならないと考えてしまうかもしれませんが、解決ができず問題が大きくなれば、かえってほかの教職員の負担は増えることになります。管理職は、教職員に対して、「こういう場合には報告してほしい」という事項を具体的にリストアップして示すなど、教職員がためらわずに報告しやすい仕組みや環境を整えることが重要です。

　保護者と学校の信頼関係が崩れており、学校だけでは対応が難しい場合や、保護者が学校の対応に対して直接教育委員会に苦情を寄せているような場合には、対応窓口を一本化するために、教育委員会事務局の職員に保護者との話し合いに同席してもらうことも考えられます。

CASE 10

近隣住民・PTA・学校ボランティア

近隣住民から生徒の部活動中の声出しについて苦情があった

> **事例**　学校に隣接する家の住民から「部活動の生徒の声出しがうるさい。もう少し静かにしてほしい」と苦情がありました。

> **初期対応のポイント**　法的には、社会通念上我慢できる程度以上の騒音かどうかがポイント。現実的には話し合いで解決を目指す。

　本事例のように、近隣住民から学校に対して働きかけや要求があったとき、公立学校や教職員という立場から、何をどこまでできるのかということを適切に判断する必要があります。

　騒音に関する苦情の場合、法的に学校は近隣住民が通常の生活を送るうえで我慢できる限度（受忍限度）を超えない程度に騒音の発生を抑制する義務があるため、苦情を受けた場合、まずは騒音の有無と程度、ほかの住民も同様に感じているのかなどを調査します。

　近隣にとって我慢できないほどの騒音が発生している場合は、学校の活動内容、場所、時間帯などの変更の検討をすることになります。ただし、通常の学校の教育活動であれば、受忍限度を超える騒音とまではいえないのが一般的です。

　そうはいっても、現実的には、学校から出る音のために生活に支障が出ていると訴える近隣住民に対して、「受忍限度を超えていないので我慢してください」とは言いづらい面もあります。

　学校としては、教育活動の意義を説明して理解を求めるとともに、活動に支障のない範囲での活動内容、場所、時間などの変更や、防音のための措置を教育委員会とも協議しながら検討し、互いに折り合うことのできる条件を模索することになります。

学校管理下外での問題行動に対する苦情

近隣の住民から、下校後、校外で本校の生徒がたばこを吸っていると苦情があった。学校は、学校管理下外で発生した問題行動についても指導する必要がある？

学校管理下外で発生した問題行動に対応すべき法的義務まではないが、教育上必要と判断した場合には指導または懲戒することはできる。

交通マナーが悪い、喫煙、コンビニの前で大声でたむろしているなど、学校には、学校管理下外の場所で発生した児童生徒の問題行動について情報が集まってきます。近隣住民からすれば、その学校に所属している児童生徒という理由で、苦情を言う矛先が学校に向かいがちです。しかし、学校管理下外での問題行動については、基本的に家庭の責任であり、学校は原則として指導する義務まではありません（ただし、いじめ事案については、学校の管理下で発生したかどうかにかかわらず、いじめ防止対策推進法に基づき、調査などの措置を講ずる義務があることに注意が必要です）[1]。

学校管理下外の場所で問題行動が発生し、教育上の観点から学校としても指導や懲戒をする必要がある場合には、指導や懲戒を加えることは可能です[2]。

教職員と家庭の適切な役割分担という観点からは、児童生徒の学校管理下外での行動について、どんなことでも学校に対応を求めるのではなく、基本的には家庭の責任であることを、保護者や近隣住民にアナウンスしておくことも考えられます。

※1
いじめ防止対策推進法
23条2項

※2
東京地裁平成3年5月
27日

Q2 問題行動の犯人の特定

近隣のコンビニから、店内の防犯カメラ映像に映った万引き犯を確認してほしいと頼まれて映像を見たら本校の生徒だった。店長に犯人の名前を教えてほしいと言われたが教えてもよい？

A 親権者の同意なく児童生徒の氏名を伝えてはならない。

　たとえ学校が映像を見て児童生徒を特定したとしても、児童生徒の個人情報は、親権者の同意があるなど法律で定められた例外的な場合を除き、第三者に提供はできないのが原則です（CASE 7 参照）。本事例では、お店に情報提供することについて、親権者の同意を得る必要があります。

　なお、お店からではなく警察からの捜査関係事項照会の場合は、法令に基づき、情報提供することが可能です[1]。

※ 1
刑事訴訟法197条 2 項

Q3 PTA への加入

本校では、これまで入学と同時に全児童の保護者が自動的にPTA に加入することとしてきた。しかし新入生の保護者から、有無を言わさず加入させられるのはおかしいという声が上がっている。

A 入学時に保護者に対して PTA に加入するかどうか意思表示する機会を与えることが必要。

　PTA は学校とは別の任意団体であり、強制加入団体ではないため、加入するかどうかは保護者の自由に委ねられます。PTA としては、入学時に、保護者に

対して規約を明示したうえで、加入の意思表示をする機会を与える必要があります。保護者は、入会の意思を表示しなければ、会員としての地位につくことはありません。したがって、本事例のように入学と同時に当然に会員として扱う運用は適切ではありません。また、途中で保護者が脱退の意思を示した場合には、これを認める必要があります。

PTA 非加入者からの実費徴収

PTA から、PTA に加入していない児童生徒の分は卒業お祝い品を用意できないと言われた。もらえる生徒とそうでない生徒が出るのはよくないと思うが、どうしたらよい？

PTA 非加入世帯の児童生徒に対して、保護者の同意を得て、卒業お祝い品の実費を徴収することが考えられる。

PTA が配布する卒業お祝い品は、PTA 会費の対価と考えられるため、PTA が会費を支払わない家庭の児童生徒に卒業お祝い品を配布しないこともやむを得ません[1]。非加入世帯の児童生徒に対してもお祝い品を交付するのであれば、非加入世帯の保護者から、同意を得てお祝い品購入のための実費を徴収することが考えられます。

※1
大阪地裁平成29年 8 月18日

学校ボランティアの事故

自転車で児童の登下校中の見守りボランティアをしている人が、通行人とぶつかり、通行人がけがをした。誰が責任を負う？

ボランティア自身に故意・過失がある場合は、ボランティアが責任を負う。

　PTA や登下校当番、放課後の学習支援など、学校の教育活動は、多くのボランティアの善意の協力によって支えられています。ボランティア活動中に、ボランティアがわざと、あるいは不注意によって他人に損害を与えた場合には、たとえ無報酬であったとしても、ボランティアに法的責任が発生します[※1]。このとき、学校設置者である地方自治体も責任を負うのかが問題になります。学校や教育委員会によるボランティア活動への関与のあり方は様々であり、地域などによるまったくの自主的な活動である場合は地方自治体に法的責任は発生しません。一方、学校や教育委員会などがその活動内容や態様に積極的に関与するなど、ボランティア活動が学校や教育委員会の行う事業の一環と評価できる場合には、学校設置者である地方自治体が法的責任を負う可能性もあると考えられます[※2]。

※1
津地裁昭和58年 4 月21日

※2
国家賠償法 1 条 1 項

学校ボランティアが
安心して活動できる環境整備を

　教育活動の充実のために PTA やボランティアは学校にとって欠かせない存在です。ボランティアが安心して活動できる環境を整えることが、持続的な活動につながります。たとえば、活動中の事故を防ぐために、安全研修を実施したり、活動中に事故や事件などが発生した場合の対応について、マニュアルを作成して配布するなどのサポートが考えられます。

　また、ボランティア自身がけがをした場合とボランティアが他人に損害を与えた場合に備えるための制度として、ボランティア保険があります。学校は、ボランティア活動に伴い不測の事故が発生したときのために、ボランティアに対してボランティア保険を案内したり、保険に加入していることをボランティア参加の要件とすることが考えられます。

第3部

教職員および
学校運営に関する問題

相談に乗るために若い教員を食事に誘ったら ハラスメントと言われた

事例 小学校の男性教頭Aは、新人の女性教員Bから生徒指導に関する相談を受けました。Aは人目のないところでゆっくり話を聞こうと考え、休日に個室での食事に誘いました。最初のうち、Bは、Aと食事に行くことに乗り気なようにみえましたが、そのうちAが何度誘っても理由をつけて断るようになりました。Bは、校長に対し、Aから何度も休日に個室での食事に誘われることが苦痛であり、ハラスメントだと訴えました。

初期対応のポイント 相手の気持ちや距離感を見誤るとハラスメントになりやすい。明確に嫌だと言われなくても、自分と相手との立場の違いから、相手は拒否しにくいかもしれないという想像力が必要。

　本事例は、ハラスメントが問題になった事例です。教員Bは、教頭Aの誘いを負担に感じていましたが、AはそんなBの気持ちに気づきませんでした。このように、実際のハラスメントは、相手との距離感を見誤って問題になることが多くあります。ハラスメントとは、職場における、相手方に心身の苦痛を与えて就労環境を害するような言動のことで、教職員に対する信頼を失わせる行為として懲戒処分の対象となります（地方公務員法33条、29条1項）。公立学校の教職員は、教育を通じて国民全体に奉仕するという特別の責任を負っていることから、高い倫理観が求められています（教育公務員特例法1条）。CASE11では、教職員が遵守すべき服務上のルール（服務規律）について、問題になりやすい行為を説明します。

セクシュアルハラスメント

飲み会で性的な冗談を言ったら、同僚からセクハラだと注意された。場を和ませようとしただけなのに、そんなことで目くじらを立てるなんて過剰反応ではないか？

セクハラとなるかどうかは、受け手の感じ方が基準となる。

1　セクハラとは何か

　せっかく場を盛り上げようと思ったのに、セクハラだと言われて心外だ。冗談ひとつ言えない世の中になってしまったなどと嘆いていませんか。

　セクシュアルハラスメント（セクハラ）とは、職場において行われる労働者の意に反する「性的な言動」により、労働者が労働条件について不利益を受けたり、就業環境が害されることをいいます[※1]。たとえば、性的な誘いを相手が拒否したことに対して不利益を与えたり、性的な言動でほかの人に不快感を与えて就業環境を悪化させることなどの行為がこれに相当します。職場の中の言動だけではなく、出張先や職場の飲み会など職務の延長と考えられる場での言動についても問題になります。本事例の言動についても、周囲が不快だと感じたのであれば、セクハラに当たる可能性があります。

　　※1
　　雇用の分野における男女の均等な機会及び待遇の確保等に関する法律（以下、男女雇用機会均等法）11条1項

◆セクハラの例
- 性的な関係に応じないと「異動させるぞ」などと言う
- 性的な冗談を言う
- 体調や機嫌が悪そうな女性に「今日は生理か」などと言う

- わいせつな画像や映像を見せる
- 髪や肩など不用意に身体に触れる
- 性的な内容のメールを送る
- 自分の性体験を披露したり、相手の性体験を尋ねる
- 女性に対し、酒席で上司のそばに座らせたり酌をさせる
- 執拗に2人きりになろうとしたり食事に誘う

2 固定的な性的役割観の押しつけに注意

昨今では、上に挙げたような典型的な性的な言動だけではなく、「男はこうあるべき、女はこうあるべき」といった固定的な性別役割観を背景とする言動（ジェンダーハラスメント）も問題視されています。

◆こんな言動していませんか？
- 「男のくせに」「女のくせに」「男らしく」「女らしく」といった性別に対する決めつけ
- 「女性には管理職は無理」「女性は産休や育休をとるから責任のある仕事は任せられない」といった発言

3 セクハラを防ぐために

セクハラをした人の弁解として、「そんなつもりではなかった」「冗談のつもりだった」などという言葉をよく聞きます。しかし、セクハラが成立するかどうかは、受け手の感じ方（平均的な女性労働者の感じ方を基準とすべきという考え方もあります）が重視されます。発言を行った人は冗談のつもりであっても、相手が不快に感じれば、セクハラになり得るのです。ま

た、セクハラは、男性から女性だけではなく、女性から男性に対しても、または同性同士でも成立します。

　相手がその場で嫌だと言わなかったからといって、必ずしも同意していたとは限りません。性的な言動を向けられたとき、とっさのことで驚いてはっきり断れない、相手の顔をつぶしたくない、立場上嫌と言いにくいなど、様々な理由から嫌とは言いづらいものです。はっきり嫌と言わないから相手の気持ちが分からなかった、ではなく、自分に対して嫌だと言えないのかもしれないという想像力を持つことが大切です。

パワーハラスメント
保護者から理不尽な謝罪要求をされていたところ、管理職から「あなたが謝ったら収まるから」と保護者に謝罪することを強要された。これはパワハラではないか？

特に教員の行為に何ら問題がないにもかかわらず、保護者の主張のみを汲んで教員に対して謝罪を強要した場合、パワハラと判断される場合あり。

1　Q2のもととなった事例

　校長が教員に対して、保護者に謝罪するよう指導する行為がパワーハラスメント（パワハラ）に当たると判断された裁判例では、保護者が教員の行為に対して批判を行い、校長はその勢いに押され、専らその場を穏便に収めるために教員に対して保護者に謝罪するよう求めました。裁判所は、教員の対応に非がないにもかかわらず、校長が教員を一方的に非難し謝罪を求めた行為は不法行為であると判断しました※1。このように、特に教師側の行為が何ら問題のなかったにもか

※1
甲府地裁平成30年11月13日

かわらず、校長がその点を十分に考慮することなく、保護者の主張のみを汲んで謝罪を強いた場合、パワハラに当たると判断される可能性があります。

2　パワハラとは何か

　パワハラとは、①職務上の地位や人間関係など、職場内での優位性を背景に、②業務の適正な範囲を超えて、③職場環境を悪化させる行為をいいます[※2]。人間関係における優位性を背景とした行為であることがパワハラの特徴です。たとえば、上司から部下に対して、先輩から後輩に対して行われるのが典型例ですが、経験、勤務年数、専門知識が上司よりも部下のほうが豊富である場合など、部下に優位性がみられる場合には、部下から上司に対するパワハラもあり得ます。

　優位な立場にある人から指示や指導をされたことにより不快な思いをしたとしても、それがすべてパワハラに当たるわけではありません（この点、セクハラが相手の受け止めを基準に判断されるのとは異なります）。その指示や指導が業務の適正な範囲で行われる限りは、業務上必要な行為だからです。他方、内容的に業務上の指示や指導とは関係ない行為や、たとえ業務上の指示や指導であっても粗暴な言葉を用いるなど、その手段や態様が適切でない行為は業務の適正な範囲を超えるもので、パワハラと評価されます。

※2
厚生労働省「事業主が職場における優越的な関係を背景とした言動に起因する問題に関して雇用管理上講ずべき措置等についての指針」令和2年告示5号、労働施策の総合的な推進並びに労働者の雇用の安定及び職業生活の充実等に関する法律30条の2第1項

> ◆パワハラの典型的な6類型
> ①身体的な攻撃：殴る、蹴る、ものを投げつける
> ②精神的な攻撃：罵倒する、誹謗中傷する
> ③人間関係からの切り離し：無視する、懇親会などに呼ばない

④過大な要求：能力をはるかに超える業務を与える

⑤過小な要求：能力に見合った仕事を与えない

⑥個の侵害：身体に接触する、私物を触る、個人の秘密を吹聴（ふいちょう）する、私的なことに過度に立ち入る

マタニティハラスメント

クラス担任を受け持つ女性教員に対して、冗談で「産休になると代わりの人探すの大変だから今年度は妊娠しないでね」と言ったら、マタハラだと言われた。

妊娠や出産に関する話はプライベートでセンシティブな話題。冗談にするのはリスクがある。

1　マタハラとは何か

　マタニティハラスメント（マタハラ）とは、職場において行われる、上司・同僚からの言動（妊娠・出産したことその他の妊娠または出産に関する言動、あるいは育児休業などの利用に関する言動）によって、妊娠・出産した女性労働者や育児休業などを申出・取得した男女労働者の就業環境が害されることをいいます[1]。本事例のように、今年度は妊娠しないでと求めることは、マタハラと評価される可能性の高い行為です。

◆マタハラの例

- この時期は忙しいから妊娠しないでほしい、妊娠するなら○月にしてほしいと要求する

※1
男女雇用機会均等法11条の２、育児休業、介護休業等育児又は家族介護を行う労働者の福祉に関する法律25条

- 妊婦は迷惑だなどと言ったり、執拗に陰口を言う
- 妊娠したり子育て中であることを理由に、本人の能力や意思を無視して過大な業務量や難しい業務を与えたり、反対に本人に意欲があるにもかかわらずやりがいのない仕事や過小な業務量しか与えない

　実際に、女性教諭から産休や育休を取得すると報告を受けたことに対して、同僚が「勝手だ」「今まで通り一緒に仕事しろと言われても無理」などと否定的な発言をしたとして、懲戒処分を受けた事例もあります。

2　マタハラを防ぐために

　マタハラは、妊婦や子育て中など、通常の業務遂行が困難となったり、それによって周囲が配慮する必要が生じたりすることから、忙しい職場ほど起こりやすいといわれています。特に学校現場では、常に個々の教職員が多忙な環境にある中で教員が産休に入ると、代替要員を確保する必要に迫られたり、ほかの教員に業務のしわ寄せがいきやすいため、ほかの職員からの不満が噴出しやすい土壌があるといえます。管理職は具体的な業務軽減策を講じるなど、ハラスメントが生じにくい職場環境づくりに取り組むことが必要です。

 **上司の命令に従う義務**

管理職の方針や指示に納得できないことが多く、従いたくない。無視してもよい？

 上司の職務上の命令には忠実に従わなければならない。

　地方公務員はその仕事を行うに当たって、法令、条例、地方公共団体の規則及び地方公共団体の機関の定める規定に従わなければなりません[※1]。

　また、地方公務員は、上司の職務上の命令に忠実に従う義務があります。ここでいう命令とは、口頭による命令と書面による命令の両方を含みます。公立学校の教員の上司とは、校長、副校長、教頭、校長・副校長・教頭を補佐する主幹教諭です[※2]。このほか、都道府県教育委員会および市町村教育委員会も職務上の上司になります[※3]。

　上司の職務命令に反した場合は懲戒処分の対象となります。もっとも、上司の命令に従わなければならないといっても、職務にまったく関係のない私的な事柄に関する命令や、違法なことを行うことを強いるような命令など、明らかに適法ではない命令には従う義務はありません。

　本事例では、単に納得できないというだけで従わなくてよいという理由にはなりません。

[※1]
地方公務員法32条

[※2]
学校教育法37条

[※3]
地方教育行政の組織及び運営に関する法律43条1項、2項

職務専念義務
授業の空き時間に、学校を抜け出して自分が住んでいるアパート
の家賃を振り込みに行ってもよい？私用外出が無理なら私用ス
マートフォンでネット振り込みをしてもよい？

勤務時間中は職務専念義務がある。外出の有無にかかわらず私的
な用事をするのはダメ。私的な用事は休憩時間にするか時間休を
申請する。

　地方公務員は、原則として、その勤務時間中は職務
上の注意力のすべてをその仕事を行うために用い、自
分の仕事にのみ従事しなければなりません[1]。教員
は専門性の高い仕事であり、自分の勤務時間をどう使
うかについて広い裁量が与えられていますが、だから
といって勤務時間中に仕事と関係のない私的な用事を
してよいというわけではありません。

　勤務時間中に、私的な目的で銀行などに預け入れ、
払い出しや振り込みなどの手続きをしに行ったり、公
用電話、携帯電話などによる私的な電話やメールをし
たり、公用パソコンで私的なwebサイトの閲覧や
SNSを利用したりすることは控えましょう。

※1
地方公務員法35条

無断欠勤
管理職と折り合いの悪い教職員が、一方的に退職願を提出して翌
日から出勤しなくなった。

公務員は一方的な意思表示により退職することはできない。正当
な理由なく出勤しないことは無断欠勤になり懲戒処分の対象とな
る可能性がある。

　公務員の身分は任命権者が辞職の申出を承認して退職発令をすることにより消滅します。したがって、一方的に退職願を提出しただけでは公務員の身分は失われません。そのため、退職届を提出して正当な理由なく出勤してこない場合は欠勤扱いとなり、非違行為として懲戒処分の対象になる可能性があります。

守秘義務違反

PTA の懇親会で、自分が担任を受け持っているある児童の家庭のことが話題にあがり、お酒が入っていることもあって、つい知っている内容を話してしまった。

守秘義務に反する。お酒の席では気が緩みがちなので特に注意。

　地方公務員は、職務上知り得た秘密を漏らしてはなりません[1]。また、退職後も守秘義務を負います。「秘密」とは、一般的にまだ知られていない事実であって、それを一般的に知らしめることが一定の利益の侵害になると客観的に考えられるものをいいます。代表的なものが、個人のプライバシーに関する情報です。守秘義務に違反した場合は、罰則があります。

　お酒の席では、ついつい気が緩み、口が滑りがちです。そのような自覚がある場合は、互いに守秘義務に反することを言わないよう注意しあったり、飲酒を控えるなどの対策をとりましょう。

　また、自宅で仕事をするつもりで個人情報が記載された書類をかばんに入れて持ち出したところ、酔ってかばんごと紛失したという実際の例もあります。お酒の席には、紛失しては困る書類などやパソコンは持参

※1
地方公務員法34条1項

113

しないようにしましょう。

Q8 飲酒運転

飲み会でお酒を飲んだが、自分はお酒には強いほうだし、自宅まで少しの距離なので、運転してもよい？

A 飲酒運転は絶対にダメ。

　教育職員の懲戒処分のうち大部分を占めるのが、交通違反・交通事故です。令和4年度の文部科学省調査でも、全体の懲戒処分と訓告などを合わせた処分などのうち、全体の半数以上を交通違反・交通事故が占めています[1]。

　なかでも、飲酒運転による交通事故には厳しい処分が課されます。処分基準において、酒酔い運転と酒気帯び運転は原則免職処分と定めている教育委員会もあります。

　自分はお酒に強いから大丈夫だという人がいますが、血中アルコール濃度は、ビール中びん1本（日本酒だと1合程度）を飲むと酒気帯び運転の基準値を超えるため、少しでも飲んだら絶対に運転してはいけません。また、車を運転する前日に深酒すると、翌日の午前中にまだお酒が残っている場合があるため、十分注意する必要があります。

　飲酒運転には刑事罰が科せられます。また、自分が飲まなくても、飲酒運転の車に同乗したり、飲酒運転をするおそれがあることを知りながら人に車両を提供したり、運転する者が飲酒運転することを知りながら飲酒を勧めたり提供することも違法であり、刑事罰が

※1
文部科学省「令和4年度公立学校教職員の人事行政状況調査について」令和5年12月22日

科されます[2]。

　飲酒している者には絶対に運転をさせないようにし、タクシーや代行運転を利用しましょう。

　ちょっとの距離だから、飲んでから時間がたったから、タクシーを利用するとお金がかかるから、などという言い訳は通用しません。甘い気持ちは禁物です。

[2]
道路交通法65条 1 項、
　2 項、 3 項

Q9　お金の使い込み

児童から集めたお金を管理している。急きょ私用で現金が必要になったが、すぐに返すので一時的に借用しても問題ない？

A　絶対ダメ。一時的に流用した場合であっても犯罪。

　修学旅行費や教材費など、児童生徒から集金したお金を使い込むことは、業務上横領という犯罪です。後ですぐに返せば大丈夫という安易な考えで一時的に流用しても業務上横領罪は成立し得ます[1]。もちろんそのような行為は懲戒処分の対象です。

　教職員によるお金の使い込みを防ぐためには、金銭管理を 1 人の教職員に任せず、複数でチェックする仕組みにすることが必要です。

[1]
刑法253条

副業

帰宅後、趣味についてブログに投稿している。職場では誰にも話していない。閲覧数に応じて広告収入が入るが問題ない？

黙ってやってはダメ。兼業に当たるため任命権者の許可が必要。

地方公務員は、任命権者の許可なく営利企業や営利団体の役員になること、自ら営利企業を営むこと、報酬を得てほかの仕事をすることが禁止されています[1]。

勤務時間中だけでなく、勤務時間外の兼業についても任命権者の許可が必要です。たとえば帰宅後に趣味のブログや動画投稿で収入を得るような場合にも、任命権者の許可が必要となります。

教育公務員については、その知見を社会に還元することが有意義であると考えられているため、教育に関するほかの職を兼ね、または教育に関するほかの事業若しくは事務に従事するときは兼業が認められています。この場合給与を受けることもできます。ただし、本来の業務をするうえで支障がないと任命権者が認める場合に限られます[2]。

どのような場合に認められるかについては、任命権者（県費負担教職員については市町村の教育委員会）が判断することになります[3]。

[1]
地方公務員法38条1項

[2]
教育公務員特例法17条1項
[3]
地方教育行政の組織及び運営に関する法律47条1項

地元業者との関係

公立学校の校長だが、地元の制服販売業者から休日ゴルフに誘われた。自分の費用は自分で負担するので行ってもよい？

断るべき。一般市民から疑惑を持たれるような行為はすべきではない。

　地方公務員が、利害関係者から金品や供応の接待を受けることは、市民から不正を行っているのではないか、という疑義を生じさせることから、倫理上問題があり懲戒処分の対象になる可能性があります。

> **◆学校現場において利害関係者として考えられる者**
> - 児童生徒
> - 保護者
> - 物品購入、教科書採択、制服などの製造業および販売業者、修学旅行などを取扱う旅行業を行っている事業者、卒業アルバム制作業者
> - その他教育関係の事業を行っている事業者など
> - 私立学校設置者

　これらの者との関係については、公務の公正性に疑惑が生じないよう、十分注意が必要です。また、賄賂を受け取ったり要求したりする行為は刑事罰の対象にもなります。

　具体的な禁止行為については、各地方自治体や教育委員会において倫理規程などを定めているため、いま一度確認してください。

　本事例のように、地方公務員が利害関係者と旅行、ゴルフ、遊技（例：麻雀）を共にすることは、自己の費用を負担したとしても禁止されている場合が多いで

す。これは過去、公務員が利害関係者とこのような行為をした際に、過剰な接待を受けていた事例が問題視されてきたという経緯があるためです。

　業者との関係については、近時、教科書業者が小中学校の校長らに対して、検定中で外部に見せることが禁じられている教科書を見せて意見などを聞き、謝礼として現金を渡していたなどとして校長らが懲戒処分を受けた例があります。

**管理職への
ワンポイントアドバイス**

コンプライアンス研修は
繰り返し行うことが大切

　教職員が、服務規律に違反した場合は懲戒処分の対象となり、場合によっては民事・刑事上の責任を問われたり、報道機関により報道されたりする場合もあります。

　1人の教職員が懲戒処分を受けた場合、その人だけの問題にはとどまりません。管理職も教職員に対する監督責任を問われます。また、学校全体、地域の教育行政、ひいては教職員全体に対する信頼が失われかねません。

　教職員に関する懲戒処分のニュースを見聞きしたり、研修を受けたりすると、そのときは自分もそうならないように気をつけようと思いますが、人間は誰しも忘れるものです。忘れた頃にふと気が緩み、うっかり非違行為に及ぶことがないよう、繰り返し折に触れて啓発することが大切です。

CASE 12

教員が業務過多であることに気づきながら特に対応しなかった結果、休職してしまった

事例　教員Tは、担任と部活動顧問を任されているほか、休職中のほかの教職員の穴埋めやフォロー業務に追われ、時間外労働時間が月に120時間ほどにも達していました。教員Tは、管理職に対して、業務が負担であるので労務管理をしてほしいと訴えましたが、管理職は、「体を大事にするように」などと声掛けをするのみで、特に具体的な業務軽減措置はとっていませんでした。そのうち、教員Tは適応障害と診断され、休職してしまいました。

初期対応のポイント　教職員の心身の健康を損なうことがないよう注意するのは管理職の責務。

　管理職は、所属職員の労働時間管理の中で、その勤務内容、態様が生命や健康を害するような状態であることを認識または予見できた場合には、事務の分配などを適正にするなどして、勤務により健康を害することがないよう配慮すべき義務（安全配慮義務）があります。本事例のもととなった裁判例では、客観的に見て量的にも質的にも過重な業務を行っていた教員に対して、管理職が漫然と体を気遣う声掛けをするのみで抜本的な業務負担軽減策を講じなかったという理由で、法的責任が認められました（大阪地裁令和4年6月28日）。

　CASE12では、所属教職員を監督する管理職の立場から、教職員の人事・労務管理を行ううえで気をつけるべきポイントを解説します。

教職員に対する安全配慮義務

毎日遅くまで仕事をしている教員がいるが、教員が勤務時間外に行う業務は自主的にしているのだから、管理職は安全配慮義務を負わないのでは？

教職員の業務が心身の健康を害する程度に達していることを予見または認識できた場合、具体的な負担軽減策を講じることが必要。

1　管理職の責任

　学校長は、所属職員を監督する立場にあることから、教職員が業務の遂行に伴う疲労や心理的負荷などを過度に蓄積させ心身の健康を損なうことのないよう、その業務の遂行状況や労働時間などを把握し、必要に応じてこれを是正すべき義務（安全配慮義務）を負います[1]。したがって、管理職は、教職員の職務内容や量が心身の健康を害する程度に達していることを認識または予見できた場合には、勤務時間の短縮、業務量の軽減、業務内容の変更などの具体的な業務負担軽減策を講じることが求められます。

※1
最高裁平成23年 7 月12日

　教員が、クラス担任・部活動の顧問に加えて海外留学の案内役も務めており、時間外労働が 1 ヶ月当たり約120時間に達し適応障害と診断された事案で、裁判所は、当該教員の仕事量は「客観的に見て量的にも質的にも過重な業務」だと評価し、管理職が当該教員が精神的に追い詰められていることを知りながら、漫然と体を気遣う声掛けをするのみで抜本的な業務負担軽減策を講じなかったとして、賠償を認めました[2]。この裁判例から、管理職は、過剰な業務を負担している教職員が精神的に疲弊していることを知りながら漫然と体を気遣う声掛けをするのみでは足りず、抜本的な業務負担軽減策を講じることが求められます。

※2
大阪地裁令和 4 年 6 月28日

2 教職員の業務のあり方

　文部科学省は、これまで学校・教師が担ってきた14の業務のあり方に関する考え方を整理して通知しています。教職員の業務軽減策を講じる際の参考になります[3]。

※3
文部科学省「学校における働き方改革に関する取組の徹底について」（通知）平成31年3月18日30文科初1497号

基本的には学校以外が担うべき業務	学校の業務だが、必ずしも教員が担う必要のない業務	教員の業務だが、負担軽減が可能な業務
①登下校に関する対応 ②放課後から夜間などにおける見回り、児童生徒が補導されたときの対応 ③学校徴収金の徴収・管理 ④地域ボランティアとの連絡調整 （※業務内容に応じて、地方公共団体や教育委員会、保護者、地域学校共同活動推進員や地域ボランティアなどが担うべき）	⑤調査・統計などへの回答など （事務職員など） ⑥児童生徒の休み時間における対応 （輪番、地域ボランティアなど） ⑦校内清掃 （輪番、地域ボランティアなど） ⑧部活動 （部活動指導員など） （部活動の設置・運営は法令上の義務ではないが、ほとんどの中学・高校で設置。多くの教師が顧問を担わざるを得ない実態）	⑨給食時の対応 （学級担任と栄養教諭などとの連携など） ⑩授業準備 （補助的業務へのサポートスタッフの参画など） ⑪学習評価や成績処理 （補助的業務へのサポートスタッフの参画など） ⑫学校行事の準備・運営 （事務職員などとの連携、一部外部委託など） ⑬進路指導 （事務職員や外部人材との連携・協力など） ⑭支援が必要な児童生徒・家庭への対応 （専門スタッフとの連携・協力など）

年次休暇の申請に対する対応

ある教職員が年次休暇を申請してきている。しかしその日は学校行事があり、どうしてもその教職員に出勤してもらいたい。申請を拒否してもよい？

可能な限り承認すべきであるが、正常な学校運営に妨げがある場合は別の日に変更することを求めることができる。

　年次有給休暇をいつ、どのように取得するかということは、原則として労働者の自由です。したがって、教職員から休暇願が出された場合、学校長は可能な限り申請された内容の年次有給休暇を承認しなければなりません。もっとも、校長は、客観的に事業の正常な運営に妨げがあるときには休暇の日時を変更してほしいと求めることができます（時季変更権）[1]。

　どのような場合に「正常な学校運営に妨げがある場合」といえるかはケースバイケースですが、その教職員の担当業務の内容や職務上の地位に照らし、校務の運営にとって必要不可欠であること、さらに代替要員を確保することが難しい場合には時季変更権を行使できると考えられます。ただしその場合であっても、申請した教職員に対しては、申請日に取得することにより校務を正常に運営できないこと、代替手段確保の努力を尽くしたがほかの人員を確保できないことを丁寧に説明し、理解を求めるのが望ましい対応といえます。

[1]
労働基準法39条5項

Q3 教職員からハラスメントの相談を受けたときの対応

ある教員から、先輩の教員から強く叱責を受けるのが辛いと相談があった。管理職としてどのように対応すべき？

A

速やかに事実関係を調査し、ハラスメントを行った教職員に対して適切に指導を行う。被害を訴えた教職員の希望に寄り添い職場環境を整える。

1　まずは速やかな事実確認

ハラスメントとは、職場における、相手方に心身の苦痛を与えて就労環境を害するような言動のことで、代表的なものにはパワーハラスメント、セクシュアルハラスメント、マタニティハラスメントなどがあります[1]。

管理職は、教職員が安心して就労できるような環境を整える義務があるため、ハラスメントの相談を受けたり、周囲の職員からハラスメントが発生しているとの情報提供があった場合には、速やかに事実を確認します。

※1
CASE11参照

2　事実確認の流れ

まずは被害者に対して事実関係の確認と今後の対応に関する意向を確認します。

事実関係は、いつ、誰が、どこで、何を、どのようにしたのか、という5W1Hに沿って聞き取りを行います。セクハラやマタハラ事案では、なるべく心理的負担を軽減するために、同性の職員が聞き取りに同席するなどの配慮を検討します。また、加害行為や被害の発生を裏付ける資料（写真、録音、メールなど）がある場合には提出を依頼します。

加害者や目撃者らへの聞き取りをしてもよいか、加

害者に対して処分や異動を望むのか、穏便に済ませたいのか、謝罪してほしいのか、などの意向を聞き取ります。被害者が、加害者である県費職員の異動や懲戒処分など学校長や市町村教育委員会の裁量では判断できない要望を行う場合は、必ずしも被害者の意向に沿った対応ができるわけではないこともあわせて説明する必要があります。

　次に、加害者や、必要に応じて周囲の職員からも聞き取りを行います。

　その後、聞き取り結果や収集した資料をもとに、事実認定を行い、ハラスメントに該当するかどうか評価します。

3　加害者への指導と環境調整

　ハラスメントがあったと認定した場合は、加害者に対してハラスメントをやめるよう適切に指導を行うとともに、可能な範囲で被害者の希望に寄り添い、業務内容や職場環境の調整を行います。教員が先輩教員から度重なる厳しい叱責を受けてうつ状態になり自死した事案において、管理職は先輩教員の行為により教員の精神状態が一層悪化するなどして自殺企図に及ぶことを予見できたにもかかわらず、先輩教員の行為をやめさせる措置を講じなかったことが安全配慮義務に違反するとした裁判例があります[2]。したがって、管理職には、ハラスメントを認識した場合には、行為をやめさせるよう具体的な措置を講じることが求められます。

※2
仙台高裁令和 3 年 2 月 10日

退職勧奨

休職を繰り返す職員や業務上のミスを繰り返すなど、職務遂行に耐えられないと思われる職員について、退職を促すことができる？

退職を勧奨することはできるが、強制と評価されるような態様での働きかけや、人格を否定する言動はしてはならない。

雇用関係にある者に対し、自発的な退職を促すため説得する行為のことを退職勧奨といいます。退職への働きかけは、勧奨にとどまる限りは正当ですが、退職を強制したり、人格を否定するような言動を行った場合、違法な権利侵害と評価される場合があります。裁判例によれば、不当な退職強要とならないよう、次のことに注意する必要があります[1]。

①退職勧奨のために出頭命令などの職務上の命令を発することはできない

②明確に退職の意思のないことを表明している者に対しては執拗に勧奨を継続すべきではない

③ことさらに多数回あるいは長期にわたって勧奨を行うことは、不当に退職を強要する結果になりかねない

④勧奨に当たって、被勧奨者の名誉感情を傷つけたり、精神的苦痛を与えるなど、自由な意思決定を妨げるような言動は許されない

[1]
山口地裁下関支部昭和49年9月28日

有期雇用の職員への対応

有期契約が満了する職員に対して、再任用しないと通告したところ、再任用してくれると思っていたのに裏切られたと苦情を言われた。

任用期間の満了によって当然に職員としての身分は終了するが、再任用に対する期待権を侵害したと評価される場合には、損害賠償の問題が生じることがある。

　公務員である教職員の任用は行政処分としてなされるものであり、辞令において示された任用期間の満了によって当然に教職員としての身分が終了します。また、再度任用するかどうかは任命権者の裁量によります。

　もっとも、任用期間満了後も職務の継続を期待させるような言動や、当然のように多数回に及ぶ再任用が繰り返されていたような場合は、再度任用されることの期待権を侵害したことを理由として、損害賠償が認められる場合があります[1]。したがって、再任用するかどうか分からない段階においては、安易に当然に再任用を確約または保障するかのような言動は控えるべきです。

※1
東京高裁平成19年11月28日

127

管理職自身が相談 WELCOME な
雰囲気であることが大切

　管理職と教職員のコミュニケーションに問題があったり、風通しの悪い職場では、人事・労務の問題が発生しやすくなります。ハラスメントの被害者の話を聞くと、「管理職に相談しにくかった」「管理職に相談しても何も変わらないと思った」「迷惑をかけたくなかった」という声が聞こえてきます。管理職自身が普段から、教職員らが気軽に相談しやすい、相談してもいいんだと思える雰囲気であることが大切です。

　また、ハラスメントを防ぐために、管理職は、所属教職員が安心して働ける職場環境を整えるため、相談窓口の周知、研修を定期的・継続的に行い、職場全体でハラスメントを許さないという雰囲気を作っていくことが重要です。

　ハラスメントの概念は、時代や社会の変化とともに変わります。昔なら問題視されなかった行為であっても、今では厳しい批判を受けるということも多々あります。管理職自身、積極的にハラスメント研修を受けるなどして、最新の情報をアップデートすることが必要です。

CASE 13

著作物の利用

学校だよりに新聞記事をコピーして掲載し配布した

事例　A小学校では、毎月学校だよりを作成して全児童に配布しています。このたび、参考となる新聞記事をコピーして掲載したところ、保護者から著作権侵害ではないかという指摘を受けました。

初期対応のポイント　学校で著作物を利用する場合は、著作権法のルールに沿って、無許諾・無償で使用できる場合かどうかを判断する。

　コピー機を用いて、紙に印刷された著作物を別の紙へコピーする行為を「複製」といいます（著作権法2条1項15号）。著作物の複製行為は、原則として、個人的に楽しんだり、家庭内で使用する以外の目的で行うことはできません（同法30条1項）。誰でもいくらでも自由に複製して利用できるとなれば、著作権者が本来得るはずであった財産的利益などを侵害することになるからです。

　もっとも、教育活動が公共性の高い活動であることから、学校においては、「著作権者の利益を不当に害しない限り」において、「必要と認められる限度」で、「授業」の過程に利用するために著作物を複製することが認められています（同法35条1項）。

　このように、学校の教育活動における著作物の利用については、一定のルールのもと、例外的に無許諾での利用が認められています。教職員は、教育活動の中で著作物を複製して利用する場合は、許可なく利用できる場合に該当するかどうかを適切に判断する必要があります。本事例は、無許諾で利用できる場合に該当しないため、新聞社の許諾を得る必要があります。

新聞記事

教職員のコンプライアンス意識向上のために、教職員会議で教育関係の新聞記事をコピーして職員に配布しているが、問題ない？

無許諾で使用できる場面は、「授業の過程」に利用するときに限られる。教職員会議は、授業の過程に利用する目的には含まれないため、無許諾での利用はできない。

著作物を無許諾で複製利用することのできるのは、授業の過程における利用に供することを目的とする場合です[1]。「授業」とは、学校の責任において、その管理下で教育を担任する者が学習者に対して実施する教育活動をいい、教科指導だけではなく、学校行事や学級活動、ホームルーム活動などが含まれます[2]。これらの活動以外で用いる場合には、無断で複製することはできません。

> ◆「授業」に当たる例
> 特別活動（学級活動、ホームルーム活動、クラブ活動、児童・生徒会活動、修学旅行や校外学習などの学校行事、その他）や部活動、課外補習授業など
> ◆「授業」に当たらない例
> 教職員会議、入学志願者に対する学校説明会、保護者会、PTA 行事、自治会行事

冒頭のケース事例にあるような学校だよりへ掲載するための複製や、本事例のような教職員会議に供するための複製は、授業の過程で使用することを目的としているわけではないため、無断で行うことはできません。

実際に、社内従業員向けの電子掲示板に新聞記事を

※1
著作権法35条1項

※2
著作物の教育利用に関する関係者フォーラム「改正著作権法第35条運用指針（令和3（2021）年度版）」p7、令和2年12月

無断掲載していたとして、新聞社が会社を相手取り、損害賠償請求訴訟を提起した例もあるため、注意が必要です。

授業時間に使用できなかった文献

授業で使用しようと思っていたのだが、時間が足りず使用できなかった文献がある。ぜひ生徒に読んでもらいたいのだが、コピーして配布してもよい？

「授業のために必要」といえるかどうかがポイント。

著作物の複製は、授業のために必要と認められる限度において行うことができます[1]。すなわち、授業の内容や進め方などとの関係において、その著作物を複製することが必要といえなければなりません。一般的には、授業では使用しないけれども読んでおくと参考になる文献を紹介するだけであれば、題号、著作権者名、出版社などを示せば足りると考えられるため、全文を複製することは必要な限度を超えると考えられます[2]。

他方、その文献に関して課題を出すなど、授業を補完する目的で使用する場合には、授業のために必要であるといえるため、複製して人数分配布することもできます。

※ 1
著作権法35条 1 項

※ 2
著作物の教育利用に関する関係者フォーラム「改正著作権法第35条運用指針（令和 3 (2021) 年度版）」p8、令和 2 年12月

市販のドリル

Q3 市販のドリルをコピーして、自習時間に児童生徒に解かせてもよい？

A 著作物の売り上げに影響が出るような態様で複製することはできない。

授業のために「必要と認められる限度で」複製する場合であっても、その行為によって本来であれば売れていたはずの著作物が売れなくなるような態様で使用する場合には、著作権者の利益を不当に害するおそれがあります。このような場合は、無許諾で使用することはできません[1]。

たとえば、市販の問題集やドリルなどは、その都度購入することが求められるものであるため、教員が授業の過程で児童生徒に解かせるために使用するには、著作権者の許諾が必要となります。

※1
著作権法35条1項但書

放送されたテレビ番組やネット動画

Q4 放送されたテレビ番組やインターネット上の動画を録画したDVDを授業で使用した。この授業が好評だったのでほかのクラスの教員からDVDを使わせてほしいと頼まれた。

A 自分のクラスの授業のために必要な範囲であれば可能だが、ほかのクラスの教員への貸出はできない。

1 テレビ番組について

テレビ番組は、著作権により保護されています[1]。これを授業の過程に必要な範囲を録画し、放映することは可能です。しかし、授業終了後も漫然と児童生徒

※1
著作権法9条

が閲覧できる状態に置いておいたり、自分のクラス以外のクラスの授業でも使用する行為は、著作権者の利益を不当に害するため、できません[2]。ほかのクラスの教員としては、自ら DVD に録画したものを授業で使用するか、原則通り著作権者の許諾を得ることになります。

※2
著作権法35条 1 項

2　インターネット上の動画について

動画サイトにあげられている動画を学校の授業に利用する場合は、上記 1 と同様、必要な限度で利用することは可能です。動画サイトの利用規約を確認し、そのルールに従い利用します。なお、動画共有サイトには、著作権法に違反するコンテンツが混ざっている可能性があります。著作権に反する映像を違法と知りながら複製してはいけません[3]。

※3
著作権法30条 1 項 3 号、
4 号

市販の CD 音源

Q5 運動会や文化祭などの学校行事のために市販の CD 音源を使用することはできる？

A 無許諾で使用できる。

学校行事の際の応援のための楽器演奏、競技時の市販の CD 放送、文化祭での合唱および演奏等は、営利を目的としない上演などであるため、無許諾で利用できます[1]。

なお、授業で行事の練習のために複製することは、授業の過程で使用する目的であるため、このためだけに複製する場合、許諾は不要です[2]。

※1
著作権法38条 1 項

※2
著作権法35条 1 項

Q6 学校行事のオンライン配信

市販の CD 音源を使用した運動会や文化祭などの学校行事の様子を保護者にオンラインで配信する場合、何か手続きが必要？

 A 権利者団体へ補償金を支払うことにより、オンライン配信できる。

学校が特別活動などの成果を積極的に保護者に提供することは、学校および家庭での教育効果が期待できるだけでなく、保護者の学校教育への理解・協力を得るためにも有用であると考えられます。

そこで、学校は、必要と認められる範囲に限り、権利者団体（一般社団法人授業目的公衆送信補償金等管理協会：SARTRAS）に補償金を支払うことにより、著作権者の許諾を得ることなくオンライン配信することができます[1]。その場合、著作権者の権利を不当に害しないよう、児童生徒、保護者および教職員だけが閲覧できる状況で配信することが必要です。また、リアルタイム配信ではなく、オンデマンド配信する場合は、視聴期限を設定し期限終了後は映像などを消去する必要があります[2]。

※1
著作権法35条2項
※2
著作物の教育利用に関する関係者フォーラム「著作物を利用した特別活動における音楽・映像等のインターネット等での配信について」改正著作権法第35条運用指針（令和3（2021）年度版）特別活動追補版、令和3年11月9日

学校行事の動画配布など

Q7 学校行事の様子を動画撮影したところ、保護者から記念のために動画が見たいという声があがった。BGM に市販の CD 音源をつけて編集したものを DVD にして配布するか、学校ホームページにアップしてもよい？

A DVD 編集した動画や学校ホームページにアップする動画に市販の CD 音源が含まれる場合、著作権者などの許可が必要。また、プライバシー保護の観点から保護者の同意が必要。

　本事例は、学校行事自体に利用する目的ではないため、著作権者やレコード会社などの許諾を得る必要があります[※1]。

　なお、仮に市販の音楽を含まない場合であっても、児童生徒の様子を撮影した動画を DVD に編集して配布したり、学校ホームページにアップする場合には、児童生徒のプライバシーや肖像権保護の観点から、あらかじめ保護者から同意を得るべきです。

※1
著作権法35条 1 項

著作物を適切に使用しているかどうか
教職員がセルフチェックできる仕組みづくり

　教育活動における著作物利用は、様々なルールがあります。近年では、著作権を含む知的財産権の権利保護の意識が高まっており、教育活動における利用に対しても厳しい目が向けられています。いくら学習のために有用であるからといって、ルールを無視して安易に使用すると、トラブルを招きかねません。他方で、トラブルになるリスクを懸念して、教職員が委縮し、教育活動のために必要な著作物の利用をためらう事態は望ましくありません。教職員が自信を持って著作物を使用できるよう、著作物利用のルールを正しく理解することが必要です。そこで、著作物利用する際には次頁のチェックシート（Ｑ６※２参照）を活用し、個々の教職員においてセルフチェックする仕組みを整備することが考えられます。個々の活動実態によって、許諾が必要かどうかの判断が難しい場合には、スクールロイヤーなどの専門家に相談しましょう。

チェックシート例

チェック1　著作物の利用は教育機関の授業か？
- ○　著作権法第35条に規定される教育機関である
- ○　授業（予習復習・宿題、特別活動、部活動、学童保育等を含む）での利用である
- ☐　【要許諾】授業以外（職員会議、PTA活動、学級通信等）での利用である
（※運用指針に基づき必要があればリストに加える）

チェック2　教員と児童生徒のみの利用か？
- ○　担当クラスの教員と児童生徒のみ（授業参観の保護者、特別活動を参観する保護者及び特別活動の学習を支援する者も含む）である
- ☐　【要許諾】上記以外の人に（も）コピー配布、配信する
その他（　　　　　　　　　　　　　　　）※許諾の有無は以降のチェック事項で要検討

チェック3　著作物の種類・用途・部数・受信数・態様から見て著作権者等の利益を不当に害しない利用か？
- ○　写真、新聞記事、短文、イラスト、絵画等著作物の単体での全体利用である
- ○　採択された検定済教科書に掲載されている著作物の全体利用である
- ○　著作物の部分的利用（出版物、採択外教科書、映像、音楽等）である
（※運用指針に基づき必要があればリストを加える）

チェック4　著作権者等の利益を不当に害さないか？
- ☐　【要許諾】都度購入が求められる出版物（ドリル/問題集等）等のコピー配布、配信
- ☐　【要許諾】部分的利用が求められる著作物（出版物/映像/音楽等）の多くの部分のコピー配布、配信
- ☐　【要許諾】著作物全体の利用が認められる写真/短文/新聞記事等を寄せ集めて出版物のようにする
- ☐　【要許諾】（※運用指針に基づき必要があればチェックリストに加える）

チェック5　インターネット配信はどのような形態か？
- ○　【無償】遠隔の教室との合同授業でのリアルタイム（ライブ）中継
- ○　【無償】授業での学校間交流でのリアルタイム（ライブ）中継（※1）
- ○　【無償】ハイフレックス型授業におけるリアルタイム（ライブ）中継（※1）
- ○　【無償】不登校児童生徒等への教室授業のリアルタイム（ライブ）中継
- ☐　【要補償金】オンデマンド（ストリーミング/ダウンロード、その他）配信/クラウド利用等（※2）
- ☐　【要補償金】リアルタイム・スタジオ型配信（※2）
- ※1　対面授業のリアルタイム（ライブ）中継は無償でも、対面授業を受けている生徒が自分の端末で同じ中継を見るための公衆送信は【要補償金】
- ※2　補償金は教育機関の設置者（自治体や学校法人等）が支払う

チェック6　著作者人格権、実演家人格権等への配慮
- ○　公表されている作品である
- ○　作品を改変しない
- ○　著作者名、実演家名、作品名を付記する
- ○　作品の趣旨やイメージを変更しない
- ○　その他の行為により著作者、実演家の名誉声望を棄損しない

チェック7　その他、許諾要不要 　○　【許諾不要】引用の要件を満たした転載利用 □　【個別契約】○○社とライセンス契約を結んでおり契約内容の範囲内での利用である （※運用指針に基づき必要があればリストを加える）
チェック8　以上について合理的な説明が可能か 　○　問い合わせがあった際には合理的に説明できる □　【要許諾】合理的な説明ができない
チェック9　利用する著作物の出典等 １．○○○○著、『△△△△△』、□□出版、○ページ、2021年10月1日 ２．……

（出典：著作物の教育利用に関する関係者フォーラム「著作物を利用した特別活動における音楽・映像等のインターネット等での配信について」改正著作権法第35条運用指針（令和3（2021）年度版）特別活動追補版、令和3年11月9日）

CASE 14

近所の飲食店から運動会で弁当を販売したいと要望があった

事例　最近近所にできた飲食店から、運動会で、弁当やお茶を販売したいと要望がありました。学校の近くにはコンビニやスーパーがなく、教職員や保護者からもお弁当の販売があれば助かると言う声があがっています。

初期対応のポイント　学校教育の用途または目的を妨げない限度において使用を許可することができる。

　学校施設は、学校教育のために使用される公の財産であるため、学校教育目的以外の目的で使用することはできないのが原則です（学校施設の確保に関する政令（昭和24年政令34号）3条1項）。もっとも一定の条件のもとでは、学校教育以外の目的のために使用させることができます（目的外使用許可。地方自治法238条の4第7項））。各地方自治体では、条例ないし規則で目的外使用許可ができる場合またはできない場合の要件を定めており、許可するかどうか判断するに当たっては、条例ないし規則の要件に該当するかを検討することになります。自治体によっては営業行為を目的とする使用は許可しないと定めているところもあります。

　営業行為が直ちに不許可とならない場合、本来目的外使用は学校教育に支障がない場合のみ認められるものであるため、弁当販売の時間帯、場所などにより、運動会の円滑な運営に支障がないかを検討し、支障がない場合には許可することができます。

目的外使用許可

地域住民がマンション建設計画に対する抗議集会を開催する目的で、学校施設の目的外使用許可を申請している。集会当日は住民同士が激しく対立して混乱が生じることが予想され、児童が怖い思いをするのではないかと心配。

使用を許可することで、教育的配慮の観点から、児童生徒に対し精神的悪影響を与える場合には、「学校教育上支障がある」として使用を認めないことができる。

　公立学校の施設利用のルールを確認しましょう。学校施設は、本来学校教育のために整備されたものであるため、それ以外の目的のために使用することを許可するかどうかは、原則として管理権者の裁量に委ねられています[1]。学校施設は、学校教育上支障のない限り、社会教育その他公共のために利用させることができます[2]。学校教育上支障がある場合とは、使用させるスペースがないなど物理的支障がある場合だけでなく、教育的配慮の観点から、児童生徒に対して精神的悪影響を与え、学校の教育方針に反することとなる場合も含まれます[1]。本事例のように、集会目的の使用を許可することにより、児童に対して精神的悪影響を与えるおそれがある場合には学校教育上支障があるといえます。

　では、本事例とは異なり、学校教育上の支障がない場合には必ず使用させなければならないのでしょうか。目的外使用許可は例外的な使用形態であり、許可するかどうかは原則として管理権者の自由です。したがって、学校教育上の支障がない場合、当然に許可しなければならないというわけではありません。管理権者は、使用の必要性の程度、許可した場合の影響、許

[1]
最高裁平成18年2月7日
[2]
学校教育法137条

140

可しないことによる申請者側の不都合などの事情を総
合考慮して、許可しないこともできます。

Q2 放課後デイサービス事業所による学校敷地への乗り入れ

放課後デイサービス事業所が児童生徒の送迎のために昇降口前ま
での車の乗り入れを希望している。ほかの児童生徒も多く下校す
る時間帯と場所なので不安だが、許可するべき？

A 一律不許可ではなく、事業所との間で、車両乗り入れの時間、場
所、児童生徒の引渡し条件などを協議するなど柔軟に対応するべ
き。

　障害のある児童生徒に対する支援と児童生徒全体に
対する安全配慮義務の調整をどう図るかが問題になる
場面です。放課後等デイサービスは、児童福祉法の規
定に基づき、学校に就学している障害児に授業の終了
後または休業日に生活能力の向上のために必要な訓
練、社会との交流の促進その他の支援をする制度で
す。保護者にとっては、直接児童生徒を事業所に送り
届けてもらえるというメリットがあり、放課後デイ
サービス事業所にとっても学校へ送迎することにより
報酬が増えるというメリットがあるため、多くの事業
所は、自動車で学校へ児童生徒を迎えに行くサービス
を提供しています。

　しかし、そもそも学校の構造上、事業所の車両が校
内に乗り入れることが物理的に難しかったり、ほかの
児童生徒の下校時間とも重なることから、校内に乗り
入れた車両と児童生徒とが接触するリスクがあり、児
童生徒の安全を確保することが困難である場合があり
ます。他方、学校が車両の乗り入れを許可しない場

合、事業所職員が、児童生徒を迎えに行く間、近隣に路上駐車して、近隣住民とトラブルになることもあります。

　学校としては、児童生徒の安全を確保しつつ、障害のある児童生徒のニーズに応えられるよう、事業所や保護者などとの間で十分に協議するなど必要な連携を図り、学校と事業所間の送迎が円滑に行われるよう配慮することが求められます。

　たとえば、事業所との間で乗り入れのルールを定めるとともに、送迎ルート、駐車位置、送迎方法、引渡しの方法やトラブル発生時の連絡方法などについて協議することや、送迎の時間・場所に教職員を配置することなどが考えられます[1]。

※1
文部科学省「『放課後等デイサービスガイドライン』にかかる普及啓発の推進について」（事務連絡）平成27年4月14日

Q3 学校敷地を他人が勝手に使用している場合

学校の隣に住む住人が、学校敷地の一部を物置や家庭菜園として使用している。特に使っていない場所だし角が立つのも気が引けるので、そのままにしていてもよい？

そのままにしておくと取得時効により土地の所有権を失う可能性がある。速やかに立ち退きを求めるべき。

　学校の敷地のような公の財産が、時効によって他人にとられてしまうかもしれないと聞くと、疑問に思うかもしれません。たしかに学校の敷地は、地方自治体が所有する公共のための土地であり、地方自治体が公用（用途）廃止をしない限り、他人が勝手に使用したり所有権を取得することは原則としてできません。

　しかし、公の財産であっても不法占拠を放置しておくことによって、他人にとられてしまう場合がありま

す。

　最高裁判例では、公共用財産が、長年の間事実上公の目的に供されることなく放置され、公共用財産としての形態、機能をまったく喪失し、他人が占有している間に、実際上公の目的が害されることもなく、もはやそのものを公共用財産として維持すべき理由がなくなった場合に、暗黙のうちに公用が廃止されるとされています[1]。「公用が廃止される」ということは、他人が所有できる状態になるということであり、公共用財産であったとしても時効取得される可能性があります。

※1
最高裁昭和51年12月24日

　学校が、他人が不法占拠しているのを知りながら漫然とこれを放置していた場合、財産管理を怠ったとして責任が問われる可能性もあります。このようなことにならないためにも、他人が占有している場合は速やかに物を撤去して明け渡すよう求め、応じない場合には教育委員会に相談のうえ、法的措置を講じることを検討すべきです。

放置された私物の処理

運動部の部室の中に、持ち主の分からない古い私物や用具が放置され困っている。勝手に処分してよい？

所有者の承諾なく処分すると責任を問われるリスクがある。持ち主が分からない場合は遺失物として警察に届け出る方法が考えられる。

　卒業生が残していったと思われる私物や備品。誰も使っていないし、捨てても構わないように思えますが、法的には所有者に所有権があるため勝手に処分すると損害賠償請求されるリスクがあります。実際には

処分しても責任を問われる場合はほとんどないと思われますが、財産的価値があるような用具や備品などの場合は、安易に処分することがためらわれることもあるでしょう。

そこで、1つの方法として、警察に遺失物として届けることが考えられます。この場合、公告されてから法定の期間内に持ち主が判明しない場合は拾得した者が所有権を取得するとされているため、所有権を取得した後で処分することができます[1]。このような事態を避けるためには、部活に入部する際、退部後、万一私物を残していた場合は所有権を放棄したものとみなすことに同意する旨の承諾を得ておくことが考えられます。

※1
遺失物法7条、民法240条

公共財産としての学校施設を適切に管理する

学校長は、各地方自治体が定める教育委員会規則に基づき、校舎や設備の保全管理を行います（地方教育行政の組織及び運営に関する法律21条2号・7号、33条1項）。学校管理というと、設備の点検や不審者対策など児童生徒や教職員の安全性の確保という観点が重要ですが、公立学校施設には、住民から管理を付託された公共財産という側面もあります。ずさんな管理によって公の財産としての価値が損なわれたり、住民の信頼を裏切るようなことにならないよう、適切に管理する必要があります。学校施設は、本来の用途である学校教育に支障がない限り、広く活用されることが想定されていますが、目的外使用の許可に関して判断が難しい場合には、スクールロイヤーなどの専門家の助言を仰ぐことが望ましいといえます。

CASE 15

学校徴収金

修学旅行費を払ってくれない家庭に代わって担任が立て替えた

事例　A中学校では、修学旅行の費用について毎月積立てをしています。生徒Bの家庭は経済的に困窮しているわけではないのに、積立てができていませんでした。結局、担任Tは、不足分を後で払ってもらう約束で、Bの未払い分を立て替えました。しかし、修学旅行から帰ってきた後、担任Tが何度もBの家庭に連絡しましたものの、なかなか連絡がつきません。

初期対応のポイント　お金は立て替えない。立て替えてしまうと解決は困難な場合が多い。未払いそのものを防止する仕組みづくりが重要。

　義務教育は無償ですが、それは授業料を徴収しないという意味であり、学校教育にかかるすべての費用が無料というわけではありません（憲法26条2項）。実際には保護者は、教材や、学校行事や修学旅行などの費用、給食費、アルバム代など、様々な費用を負担しています。多くの学校はこれらの費用を現金持参や口座引き落としなどの方法で保護者から徴収し、一括して業者に支払う運用をしています。そのため、保護者が費用を自発的に払ってくれない場合、学校は業者との板挟みとなり、対応に困ることになります。また、金銭の徴収・管理に携わる教職員の負担も大きくなります。

　そこで、CASE15では、学校が費用を徴収および管理するときの注意点と、なるべく未払いを発生させないための方策を考えます。

教員による立替払い
修学旅行費を払ってくれない保護者に代わってやむを得ず教員が立て替えて払ってもよい？

 教員がお金を立て替えてはならない。

　修学旅行費の積立てがない家庭の児童生徒を不憫に思い、立て替えようとする教員の心情は理解できます。しかし、教員がポケットマネーで特定の児童生徒のために保護者に代わってお金を立て替えることは、すべての児童生徒を平等に扱うべき地方公務員としての立場から問題があります[1]。そして金銭を立て替えることにより、教員と保護者は債権者と債務者の関係になり、保護者がお金を返してくれない場合、教員との間でトラブルになります。法的には立て替えた教員は保護者に対して返還請求訴訟などの法的措置を講じることが可能ですが、現実的には保護者を相手に訴訟を提起することは困難でしょう。いずれにせよ、教員が保護者に代わって未納金の立替えを行うべきではありません。

※1
地方公務員法30条

 学校徴収金の未払い対策
学校徴収金の未払いを防ぐにはどうすればよい？

 口座振替や民間の収納サービスを利用する方法、保護者と業者との間で直接契約して支払ってもらう方法などが考えられる。

　学校徴収金が未払いとなる理由には、払える資力は

あるが何らかの理由により払わない場合と、そもそも払える資力がない場合とがあります。後者の場合には、生活保護の教育扶助や就学援助など行政の支援を案内することになります[1]。

　払える資力があるにもかかわらず払わない保護者に対しては、教育活動の必要性、費用の金額の相当性を丁寧に説明し、支払いを求めることになりますが、担当する教職員の負担は少なくありません。

　教職員の徴収業務の負担を軽減するためには、口座振替や民間の収納サービスを利用する方法があります。また、校外学習や修学旅行、アルバムなどの契約を、児童生徒の保護者と業者との間で直接契約とし、保護者から業者に対して直接支払いをしてもらう方法も考えられます。

　学校徴収金の問題は、学校だけではなく、国や学校設置者である地方自治体において、教育活動にかかる費用を誰が負担すべきなのか、保護者が負担するのであれば払ってくれない場合のリスクを誰が負うべきなのか、ということが重要になります。教職員の負担軽減のためにも、学校教育にかかるお金の公費化や公会計化に向けた取組みが期待されます[2]。地方自治体によっては、学校給食費を公会計とし、それにあわせて、その他の学校徴収金についても教育委員会事務局が徴収事務を担っている例があります。

[1]
学校教育法19条、生活困窮者自立支援法 8 条 2 項

[2]
文部科学省「学校給食費徴収・管理に関するガイドライン」令和元年 7 月

教材費の説明

Q3 保護者から、学校が使っている教材が高すぎると苦情が出ている。

A 学校徴収金の額の決定、学校指定物品の選定などを行う場合には、保護者や児童生徒の意向を反映するよう努め、必要性や価格の合理性などについて丁寧に説明する。

学校の教育課程で用いられる教材や、学校行事や修学旅行などの費用、制服代など、教育課程を構成する活動のためには費用が発生しますが、これらの費用について、保護者が負担すべき根拠や負担すべき範囲を定めた法律はありません。しかし、利益を受ける者が負担すべきであるという受益者負担の考えに基づき、学校からの要請に応じて保護者が負担しているのが実情です。

学校は、学校徴収金の額の決定、学校指定物品の選定、修学旅行の企画などを行う場合には、PTA総会やアンケート調査を利用して、保護者や児童生徒の意向が反映されるように努めることが望ましいといえます。その際、教材などを使用する目的、必要性、金額の妥当性について丁寧に説明することが求められます[1]。

※1
文部科学省「学校における通学用服等の学用品等の適正な取扱いについて」（通知）平成30年3月19日29初財務26号

制服の販売価格への関与

来年度、制服をジェンダーレス仕様に一新する予定で、保護者から制服価格が高くなるのではないかという不安の声があがっている。学校は販売店に対して販売価格を指定できる？

学校は販売店に対して販売価格についてお願いできる立場にすぎない。

　制服は、通常、学校が仕様を決定し、制服メーカーがその仕様に基づき製造し、学校が指定する販売店が販売します。制服業界は、長年の慣行で地元業者以外の新規業者が参入しにくく、価格競争が起こらない状況が形成されてきました。

　制服の意義は、学校への愛着心が形成されたり、見た目に貧富の差が表れにくく経済的であるなどの点にあるといわれています。しかし、本来何を着るかは児童生徒の自由であるにもかかわらず、学校が校則により児童生徒に対して一律に制服の着用を求める以上、保護者ができる限り安価で良質な学用品を購入できるような努力をすべきといえます。

　そのための取組みとしては、コンペや複数の制服メーカーに対して見積もり合わせを行い、業者間の競争を促す方法が考えられます[1]。

　ただし、学校は販売価格をできるだけ下げるようメーカーや小売店に依頼することができるにとどまります。最終的な販売価格を決定するのはあくまで販売店であるため、学校、制服メーカー、販売店との三者で制服の販売価格を取り決めることはできません。

[1]
公正取引委員会事務総局「公立中学校における制服の取引実態に関する調査報告書」平成29年11月

学校徴収金の管理については
ルールを策定する

　教職員にとって、学校徴収金の集金、管理業務は大きな負担です。未納が発生しても、保護者や児童生徒に対して、お金の催促をしにくいという心理的負担もあります。個々の教職員の負担を減らすために、学校徴収金の扱いを個々の教職員の判断に委ねるのではなく、一定のルールやマニュアルを策定し、それにしたがって処理することが考えられます。また、未納の傾向がみられる家庭に対しては、事態が深刻化する前の早い段階で SSW などを交え、原因を分析し、組織的にアプローチを行うことが重要です。

　学校徴収金の事務処理については、手続き過程の透明性を確保し、保護者への説明責任を果たすために、事業実施起案、収入・支出調書、金銭出納簿など、すべて文書により起案決裁を行い、複数の教職員によりチェックするようにします。

CASE 16

スクールロイヤーの活用

スクールロイヤーに何を相談する？

事例　今年度から教育委員会にスクールロイヤーが配置されました。予約をすれば学校が直接弁護士に相談できるそうです。ただ、今困っている内容が法律問題なのかよく分からないし、具体的に大きなトラブルとなっているわけではありません。このような段階でも相談してよいのでしょうか。

**初期対応の
ポイント**　大きなトラブルが起きてからではなく、起こる前にこそ相談すべき。

　「スクールロイヤー」と一括りに言っても、その雇用形態や業務の実態は様々です。ここでは、児童生徒の最善の利益のため、教職員および教育委員会に対して、助言・アドバイザー業務を行う弁護士を「スクールロイヤー」と呼称します。スクールロイヤーは、学校現場で発生する様々なトラブルを予防するための助言や、トラブルが発生した場合の対応について、法的な観点から助言します。特にトラブルが起こった初期の段階や起こりそうな段階において、紛争を予防するために弁護士などがかかわることにより、速やかな解決につながったり、教職員の負担軽減や、紛争の激化を防ぐことが期待できたりします。むしろ大きなトラブルが発生する前にこそ、スクールロイヤーに相談すべきです。

 **効率的な相談のポイント**
スクールロイヤーに効率的に相談する際のポイントは？

 なるべく実際に対応している教職員が相談に同席すること。相談の際には、参考となる記録や資料を持参することが望ましい。

　スクールロイヤーが的確なアドバイスをするためには、事案を正確に把握することが重要です。したがって、スクールロイヤーに相談する際は、管理職だけではなく、実際に対応した担任などの教職員が同席することが望ましいです。

　また、相談に関連する客観的な資料やそれまでの経緯などについてまとめた記録など、スクールロイヤーが事案を把握するのに有用な資料を持参することで、効果的な助言が期待できます。

> **◆スクールロイヤーが知りたいポイント**
> ①時系列に沿った経緯
> 　いつ、誰が、誰に対して、何をどうしたのか
> ②関連する客観的な資料はあるか
> 　写真、動画、メールなど
> ③〈児童生徒に関係する相談の場合〉
> 　関係する児童生徒の学校および家庭での様子
> 　学年、発達の状況、出欠状況、交友関係、家族
> 　関係など
> ④学校による対応内容とその理由
> 　どのような理由により、誰が、どのような対応
> 　を行ったのか
> ⑤今後学校としてどうしたいと考えているか、何
> 　を懸念しているか

保護者対応への同席

難しい保護者対応の際、教職員に代わりスクールロイヤーに直接対応してもらったり、保護者との面談に同席してもらうことはできる？

スクールロイヤーと教育委員会との契約内容による。業務内容に保護者に直接対応することが含まれている場合であっても、弁護士が直接保護者と対峙（たいじ）することによるリスクを踏まえて慎重に検討する。

　学校としては、無理難題を突きつけてきたり、暴言や暴力などの危害を加えてくるおそれのある対応困難な保護者に対して、教職員の精神的・時間的負担を減らすために、弁護士に面談に同席したり、教職員に代わって直接保護者などとやりとりをしてほしいと思うこともあるでしょう。スクールロイヤーが学校の代理人として保護者対応への同席ができるかは、教育委員会とスクールロイヤーとの間の契約の中に、そうした業務内容が含まれているかどうかによります。

　保護者との直接対応がスクールロイヤーの業務内容に含まれている場合でも、弁護士が直接保護者とやりとりすることが必ずしも適切とは限りません。いきなり弁護士が直接学校や教育委員会の代理人として登場することにより、保護者が態度を硬化させ、学校との対話によって信頼関係を構築することが難しくなるリスクもあります。

　他方で、保護者の代理人として弁護士がついている場合には、弁護士同士で事案の事実関係の整理や法的論争を行うことにより解決が期待できる場合もあります[1]。個々のケースにおいて、スクールロイヤーが直接保護者などに対応するのが適切かどうかは、慎重

※ 1
日本弁護士連合会「教育行政に係る法務相談体制の普及に向けた意見書」令和 6 年 3 月14日

に検討する必要があります。

Q3 **法的な困りごとを抱えた家庭に対する対応**
気になる児童生徒の家庭が法的な困りごとを抱えていることが分かった。学校としてできることは？

A 弁護士会や地方自治体などが実施している法律相談を案内することが考えられる。

　学校にとって気になる児童生徒の家庭に、法的な困りごとが潜んでいるケースは少なくありません。たとえば、児童生徒の両親がDVや離婚問題を抱えていたり、学校徴収金の支払いが滞りがちな家庭の保護者が生活に困窮して借金を抱えていたりすることがあります。こうした問題は、行政の福祉関係機関につなぐことにより解決できる場合もありますが、行政では解決できない問題もあります。たとえば、生活困窮自体は生活保護や就学援助などの支援により解決しても、すでに抱えてしまった借金問題を行政が解決することはできません。借金問題を解決するためには、弁護士に依頼して、債務整理を行う必要があります。また、離婚についても当事者同士で解決するのが難しければ、弁護士に依頼して法的手続を講じる必要があります。

　学校は、こうした法的な問題について介入することはできませんが、児童生徒の利益を考えれば、家庭が抱える法的問題を解決することが望ましいといえます。このような場合、学校としては法律問題には関与できないことを説明し、保護者に対して法律相談を促すことが考えられます。

　なお、教育委員会が契約しているスクールロイヤー

は、通常個々の家庭や児童生徒から相談を受けること
を業務の内容とはしません。児童生徒や保護者とは、
潜在的に学校や教育委員会と利益が対立する可能性が
あるため、教育委員会から委託を受けたスクールロイ
ヤーが直接児童生徒や保護者の相談に乗ることは適切
ではないからです。したがって、学校としては、各都
道府県の弁護士会や地方自治体、法テラスなどが実施
する法律相談を案内することになります。無料で相談
できる場合もあるので、地方自治体の広報誌や各団体
のホームページなどで確認してください。

スクールロイヤーを有効活用するために必要なこと

　スクールロイヤーへの相談は、管理職や教職員が「この対応で大丈夫だろうか、ちょっと危ないかもしれないから相談したほうがいいんじゃないか」と気づくことから始まります。そもそも教職員が業務に潜む法的リスクに気づかなければ、何がどう問題なのか分からず、相談までたどりつくことができません。したがって、スクールロイヤーを有効に活用するためには、それを利用する現場の教職員が、普段から法的リスクに対して敏感であることが必要です。そのために、管理職は日ごろから、教職員の法的リスクに対するコンプライアンスの意識が向上するような研修や啓発を実施することが重要です。

　また、筆者の経験では、学校現場からスクールロイヤーへの相談のハードルを下げるためには、両者がお互いに顔の見える関係であることが大切であると感じています。誰だって、まったく知らない人に相談するより、知っている人のほうが相談しやすいですよね。そこで、管理職や教職員向けの研修講師をスクールロイヤーに依頼するなどして、普段から学校現場とスクールロイヤーとの顔つなぎをしたり、相談しやすい雰囲気や環境を整えることも有用であると思います。

　スクールロイヤーの活用については、令和4年3月に文部科学省から出された「教育行政に係る法務相談体制構築に向けた手引き（第2版）」を参考にしてみてもよいでしょう。

索引

著者紹介

有年　麻美（うね　あさみ）

兵庫県小野市生まれ。弁護士。大阪大学法学部卒。京都大学大学院法学研究科法曹養成専攻（法科大学院）修了。

2019年4月から2022年9月まで明石市教育委員会のスクールロイヤー（常勤職員）として、学校現場および教育委員会事務局職員からの法律相談業務に従事。明石市退職後は、明石さざんか法律事務所に所属し、非常勤スクールロイヤーのほか、いじめ重大事態調査や教職員向け研修講師など、学校法務にかかわる業務に携わっている。兵庫県弁護士会子どもの権利委員会（学校問題部会）委員。

サービス・インフォメーション

―――――――― 通話無料 ――――――――

①商品に関するご照会・お申込みのご依頼
　　　　　TEL 0120(203)694／FAX 0120(302)640
②ご住所・ご名義等各種変更のご連絡
　　　　　TEL 0120(203)696／FAX 0120(202)974
③請求・お支払いに関するご照会・ご要望
　　　　　TEL 0120(203)695／FAX 0120(202)973

●フリーダイヤル(TEL)の受付時間は、土・日・祝日を除く
　9:00～17:30です。
●FAXは24時間受け付けておりますので、あわせてご利用ください。

教職員が知っておきたい！スクールロイヤーが今よく受ける相談事例107
**　　―法的リスクを最小限にする判断のポイント―**

2024年12月10日　初版発行

著　　者　有　年　麻　美
発 行 者　田　中　英　弥
発 行 所　第一法規株式会社
　　　　　〒107-8560　東京都港区南青山2-11-17
　　　　　ホームページ https://www.daiichihoki.co.jp/

教員法的判断　ISBN978-4-474-02220-1　C2037　（2）